FACULTÉ DE DROIT DE PARIS.

DU

PRÊT DE CONSOMMATION

EN DROIT ROMAIN ET SOUS LE CODE NAPOLÉON.

THÈSE POUR LE DOCTORAT

PRÉSENTÉE

PAR

G. M. ONFROY DE BREVILLE,

Avocat à la Cour impériale de Paris.

PARIS

IMPRIMÉ PAR E. THUNOT ET Cⁱᵉ,

RUE RACINE, 26, PRÈS DE L'ODÉON.

1857

FACULTÉ DE DROIT DE PARIS.

DU

PRÊT DE CONSOMMATION

EN DROIT ROMAIN ET SOUS LE CODE NAPOLÉON.

THÈSE POUR LE DOCTORAT

PRÉSENTÉE A LA FACULTÉ DE DROIT DE PARIS

le mercredi 26 août 1857, à 1 heure,

PAR

GEORGES-MARIE ONFROY DE BREVILLE,

Né à Beauvais (Oise),

AVOCAT A LA COUR IMPÉRIALE DE PARIS.

PRÉSIDENT : M. PELLAT, *professeur et doyen.*

Suffragants : { MM. VUATRIN, DUVERGER, } *professeurs.* { BUFNOIR, LABBÉ, } *agrégés.*

Le candidat répondra en outre aux questions qui lui seront faites sur les autres matières de l'enseignement.

PARIS

IMPRIMÉ PAR E. THUNOT ET C.,

RUE RACINE, 26, PRÈS DE L'ODÉON.

1857

PRÊT DE CONSOMMATION

EN DROIT ROMAIN

ET

SOUS LE CODE NAPOLÉON.

PREMIÈRE PARTIE.

DROIT ROMAIN.

1. Le Digeste ne consacre pas de titre spécial au prêt de consommation ; il embrasse une matière plus vaste sous la rubrique *De rebus creditis, si certum petatur, et de condictione*, et traite, à l'occasion de la *condictio*, de tous les contrats où l'on se repose sur la foi d'autrui : *contractus quos, alienam fidem secuti, instituimus* (1). Parmi ces contrats, le prêt de consommation forme une classe à part, dont nous nous proposons d'examiner les caractères distinctifs.

2. Cujas le définit : *Creditum quantitatis datæ ea lege ut ipsa quantitas reddatur in genere, non in specie eadem* (2).

3. Dans un premier chapitre, nous étudierons la nature du prêt de consommation ; en d'autres termes, nous donnerons sa définition en détail, en faisant voir successivement que le *mutuum* est un contrat *réel, unilatéral, de droit strict, et de bienfaisance*.

Le second chapitre sera consacré à l'examen des conditions essentielles à la validité du *mutuum*. Nous montrerons que :

(1) D., 12, 1, De rebus cred., L. 1(Ulp.).
(2) 11, Observ. 37.

1

1° pour être doué d'une existence juridique, le contrat doit avoir pour objet une chose fongible; 2° le prêteur doit transférer la propriété de la chose prêtée ; 3° l'emprunteur doit être capable de s'obliger.

Enfin dans le troisième chapitre, nous traiterons de la restitution, c'est-à-dire des obligations de l'emprunteur. Nous rechercherons ce qu'il doit rendre, quand et où la restitution doit être faite.

CHAPITRE PREMIER.

NATURE DU PRÊT DE CONSOMMATION.

ARTICLE PREMIER.

LE *MUTUUM* EST UN CONTRAT RÉEL.

4. Les Instituts prennent le *mutuum* pour premier exemple de contrat réel. *Re contrahitur obligatio veluti mutui datione* (1), c'est-à-dire que le *mutuum* existe seulement lorsqu'au concours de volontés entre les parties, est venu se joindre l'accomplissement d'un fait matériel, que les jurisconsultes ont appelé *res*. Nous verrons plus tard que ce fait matériel est la livraison de la chose.

5. Si le concours de volontés est intervenu seul, sans tradition, il y a une promesse de prêt qui, pour avoir une efficacité *active*, doit être revêtue de la solennité de la stipulation. On sait en effet que le droit romain n'accorde pas d'action au pacte nu ; mais en admettant qu'un contrat verbal régulier ait été conclu entre le prêteur et l'emprunteur futurs, la promesse de prêt dont il s'agit aurait une nature bien différente du prêt lui-même. Nous verrons bientôt que, dans le *mutuum*, l'emprunteur seul est obligé, tandis que le prêteur ne contracte en réalité aucune obligation : ici, au contraire, c'est le prêteur futur qui joue le rôle de promettant, et qui peut être contraint à effectuer la tradition promise.

6. Les choses peuvent se passer autrement : supposons que la numération devant avoir lieu plus tard, l'emprunteur a promis de restituer ce qu'il doit recevoir un jour, quelle sera la nature

(1) Inst., 3, 14. Quib. mod. re contr. præ.

de son obligation, si, en réalité, la numération n'a pas été faite? Deux hypothèses peuvent se présenter à cet égard : ou bien le stipulant réclamera la restitution de la somme que lui-même n'a pas comptée, et il sera repoussé par l'exception de dol, ou par l'exception *non numeratæ pecuniæ*, s'il ne peut faire la preuve de la numération (1); ou bien le stipulant avouera n'avoir pas livré l'argent, et offrira de le faire; le promettant sera-t-il obligé d'accepter le prêt, s'il n'est plus disposé à se constituer débiteur de la restitution? Non ; il a la faculté de se soustraire à l'obligation de restituer, en refusant d'accepter les offres du stipulant : *Qui pecuniam creditam accepturus, spopondit creditori futuro, in potestate habet, ne accipiendo se ei obstringat* (2). Et en effet, ce n'est pas sur l'acceptation que portait la promessse, mais sur la restitution, dans le cas où l'argent aurait été compté au promettant (3).

ARTICLE II.
LE *MUTUUM* EST UN CONTRAT UNILATÉRAL.

7. Le prêt de consommation ne produit d'obligation que pour l'emprunteur. Il ne faut pas en effet s'arrêter à quelques mots employés par Gaïus et par Justinien dans leurs Instituts (4), et dequels il semblerait résulter que le prêteur contracte une obligation en vertu de prêt. Sans doute celui-ci peut, dans la prestation qu'il a faite, avoir commis quelque acte répréhensible, dont il devra réparation à l'emprunteur; par exemple, lui avoir livré, de mauvaise foi, des choses nuisibles. Mais ces obligations ne dérivent pas du contrat primitif, et seront, suivant les circonstances, fondées sur l'un ou l'autre chef de la loi *Aquilia*. Sans doute encore, le prêteur ne pourra pas réclamer la restitution de la chose avant le jour fixé, ni même, à défaut de cette fixation, avant que l'emprunteur ait eu le temps nécessaire pour tirer une

---

(1) C., 4, 30. De non num. pecun., L. 3 (Anton.).

(2) D., 12, 1, De reb. cred., L. 30 (Paul.).

(3) On est allé plus loin, et l'on a soutenu qu'on ne serait pas obligé à accepter le prêt, quand même on l'aurait formellement promis. V. Donneau, ad leg. 30, De reb. cred., n° 2.

(4) G., 2, Com. 81 et 82; Inst. Just., 2, 8; Quib. alien. lic., § 2.

ntilité du prêt (1). Mais ce ne sera pas en vertu du contrat que
la prétention du prêteur sera paralysée; ce sera en vertu d'un
principe d'équité, exprimé par Paul en ces termes : *Adjuvari
quippe nos, non decipi beneficio oportet* (2).

ARTICLE III.

LE *MUTUUM* EST UN CONTRAT DE DROIT STRICT.

8. Le prêt de consommation ne donne naissance qu'à une seule
action, la *condictio*, action qui prend son origine dans l'ancien
droit civil des Romains, et qui, en subissant les modifications suc-
cessives propres à ce genre d'institution, a toujours conservé son
ancien caractère de droit strict : il en est de même du contrat lui-
même qui l'engendre. Nous pouvons en effet remarquer que toutes
les fois qu'un contrat ne donne naissance qu'à une action unique,
sans réciprocité, il est contrat de droit strict (3). Le commodat, au
contraire, pour lequel on a admis une action *contraria* en faveur
de l'emprunteur, est rangé parmi les contrats *bonæ fidei* (4).

ARTICLE IV.

LE *MUTUUM* EST UN CONTRAT DE BIENFAISANCE.

9. Le prêt doit être *naturellement* gratuit ; tellement que si
l'on promettait de rendre onze lorsque l'on n'a reçu que dix, on
serait obligé seulement à la restitution des dix que l'on a reçus (5).
En effet, l'obligation, ne prenant naissance qu'en vertu de la numération, n'existe que jusqu'à concurrence de la valeur de la chose
livrée : *re non potest obligatio contrahi, nisi quatenus datum
sit* (6). Sans doute, en droit romain comme dans notre droit moderne, le créancier peut stipuler des intérêts ; mais alors l'excédant
sur la somme comptée est dû en vertu d'une stipulation, et non en
vertu du prêt lui-même.

(1) Voët, De reb. cred., n° 19.
(2) D., 13, 6; Com., L. 17, § 3 (Paul.).
(3) Voët, De reb. cred., n° 3.
(4) Inst., 4, 6, De act., § 28.
(5) D., 12, 1, De reb. cred., L. 11, § 1 (Ulp.).
(6) D., 2, 14, De Pactis, L. 17 (Paul.).

10. On a exagéré cette idée que le prêt est un contrat de bienfaisance (si ce mot, appliqué aux idées romaines, n'est pas un anachronisme) (1) ; ainsi les jurisconsultes ont douté qu'il y eût prêt, lorsqu'on contracte sous l'empire d'une contrainte quelconque, *quodam jure cogente* (2).

11. Julien prend pour exemple une donation faite sous cette condition que l'argent donné sera immédiatement prêté au donateur par le donataire, et deux difficultés se présentent immédiatement à son esprit : y a-t-il donation quand on livre pour reprendre ? Y a-t-il prêt lorsqu'on acquitte une dette (3)? Nous ne nous occupons ici que de la seconde objection, la première ayant trait au transport de propriété qui sera l'objet d'un article spécial. Y a-t-il prêt lorsqu'on livre une chose plutôt pour accomplir son obligation que pour obliger l'emprunteur envers soi? Non, dit le jurisconsulte, et il en démontre les motifs ; puis, heureusement, il corrige la rigueur de sa décision, que lui-même il appelle subtile, et il admet tout à la fois et la donation et le *mutuum* (4).

CHAPITRE II.

CONDITIONS ESSENTIELLES A LA VALIDITÉ DU MUTUUM.

ARTICLE PREMIER.

OBJET DU CONTRAT.

12. L'objet sur lequel porte la convention doit appartenir à la classe d. choses *quæ pondere, numero, mensurave constant, quæ mutua vice fungi possunt* (5), c'est-à-dire qui, n'étant pas appréciées *in specie*, dans leur individu, peuvent se remplacer les unes par les autres. Il ne faut pas oublier, en effet, que l'emprunteur devant consommer les choses prêtées, il est nécessaire que ces choses puissent être remplacées par leurs semblables sans dommage

(1) Il y a intérêt à savoir si le prêt est à titre gratuit ou à titre onéreux, surtout au point de vue de l'action Paulienne. D., 42, 8, Quæ in fraud. cred.

(2) Pothier, De reb. cred., n° 18.

(3) D., 12, 1, De reb. cred., L. 20 (Julianus).

(4) Pothier paraît attribuer cette correction à Tribonien ou à quelque interprète plus moderne.

(5) D., 12, 1, De reb. cred., L 6 (Paul.

pour le prêteur. Or, les choses *fongibles* remplissent seules cette condition.

ARTICLE II.

TRANSLATION DE PROPRIÉTÉ.

13. Le prêteur doit transférer à l'emprunteur la propriété de la chose prêtée (1). Le nom même du contrat que nous étudions indique assez cette nécessité : *Appellata est mutui datio ab eo quod de meo tuum fit* (2). Il faut en effet que l'emprunteur soit propriétaire pour retirer du contrat toute l'utilité qu'il en attend, puisque cette utilité consiste à consommer la chose. Toute circonstance qui viendrait s'opposer à la translation de propriété s'opposerait par cela même à la formation du contrat. De là les conséquences les plus importantes, et des règles nombreuses.

14. Avant d'entrer dans l'examen approfondi de ces conséquences, nous croyons qu'une énumération succincte jettera plus de jour sur cette matière; nous devrons ensuite entrer dans les détails, et chercher les moyens inventés par les jurisconsultes pour éluder la conséquence sans violer le principe; enfin, nous examinerons ce qu'il adviendra du contrat, lorsque la règle aura été violée en dehors des voies indiquées par les jurisconsultes.

15. Ces règles, engendrées par la nécessité du transport de propriété, sont :

1° La tradition ;

2° La qualité de propriétaire reposant sur la tête du prêteur;

3° La capacité du prêteur.

§ 1. — Tradition.

16. Il n'y a pas *mutuum* sans *tradition*. Paul exprime cette condition d'une manière pittoresque en disant : *Mutuum non potest esse, nisi proficiscatur pecunia* (3). La tradition est en effet le

---

(1) Saumaise, qui était un profond érudit, mais qui n'était pas jurisconsulte, a combattu cette vérité. Il a prétendu que le prêteur conservait la propriété de la chose prêtée, considérée *indeterminate et abstrahendo a corporibus*. Pothier réfute énergiquement cette doctrine (Prêt de consomp., nos 8 et 9).

(2) D., 12, 1, De reb. cred., L. 2, § 2 (Paul.). Saumaise consacre tout un chapitre de son traité *De usuris*, à combattre cette étymologie. Il fait dériver le mot *mutuum* du sicilien μοῖτον.

(3) D., 12, 1, De reb. cred., L. 2, § 3 (Paul.).

moyen ordinaire de transférer la propriété chez les Romains, et c'est elle qui constitue la *res* exigée pour la naissance de l'obligation.

17. On a pu se demander si la tradition suffisait, lorsqu'en vertu d'autres principes, la mancipation est nécessaire à la translation de propriété. Mais rappelons-nous à cet égard quelles sont les choses susceptibles d'être l'objet d'un *mutuum ;* nous avons vu que ce sont les choses fongibles, choses qui peuvent se remplacer les unes par les autres et ne sont pas appréciées quant à leur individu. Or les choses *mancipi* sont des *individus ;* c'est un cheval, c'est un esclave, c'est un fonds de terre déterminés ; donc les choses *mancipi* ne sauraient être l'objet d'un *mutuum.* Peut-être admettra-t-on qu'on fasse abstraction de l'individualité ; par exemple, un marchand de chevaux en prête deux à son confrère, qui n'en a pas assez dans son écurie ; mais c'est alors une valeur que l'on a prêtée, plutôt qu'un corps certain, et la qualité de chose *mancipi* est anéantie par l'intention des parties. Si une pareille abstraction paraît violer les principes rigoureux du droit, une chose *mancipi* ne peut pas être l'objet d'un *mutuum ;* c'est un véritable dilemne : ou la chose *mancipi* n'est plus qu'une quantité, et alors ayant perdu son caractère, elle peut être transférée par une simple tradition ; ou elle reste corps certain, elle conserve son caractère, et alors la question de tradition ne se présente pas, car la chose *mancipi* ne saurait être l'objet d'un *mutuum.*

18. Il est assez remarquable d'ailleurs que pour faire un *mutuum* on n'ait jamais besoin d'avoir recours à la *mancipation,* lorsqu'au contraire cette cérémonie symbolique était, dans l'origine, indispensable, bien qu'il s'agît de choses *nec mancipi.* M. Ortolan observe en effet qu'au temps antique du droit civil des Romains, toutes les obligations se contractaient *nexu,* par la pièce d'airain et par la balance (*per æs et libram*) ; et dans le *mutuum,* comme ailleurs (selon l'expression ancienne *æs creditum*), la balance et l'airain intervenaient, soit pour un pesage réel, soit comme symbole des temps où la monnaie n'existant pas, le métal se mesurait au poids (1).

(1) T. II, p. 124.

19. En·principe, la tradition est indispensable. Mais, comme nous l'avons annoncé, les jurisconsultes ont trouvé des adoucissements à cette règle rigoureuse ; ils ont souvent remplacé la tradition matérielle par la tradition fictive, et nous trouverons de nombreux exemples dans lesquels, au moyen de cette fiction, ils ont remédié à l'absence de plusieurs conditions considérées comme indispensables. Ici, nous ne nous occupons encore que d'une seule condition, la tradition : or voici deux hypothèses dans lesquelles Ulpien admet que la tradition fictive est suffisante pour constituer un *mutuum*.

20. Si l'objet prêté était avant le contrat de prêt entre les mains de l'emprunteur, par exemple à titre de dépôt, le consentement postérieur rendant le dépositaire propriétaire de cet objet (puisqu'au fait de détention matérielle vient s'adjoindre l'*animus domini*) (1), il suffit de ce consentement pour que le prêt soit formé (2).

21. Il ne faudrait pas assimiler à cette espèce le cas où la convention de prêt, concomitante avec le dépôt, serait conçue dans les termes suivants : « Vous pourrez vous servir de la chose que je » dépose entre vos mains, si vous vous trouvez en avoir besoin. » Cette convention ne contient pas un prêt actuel, mais un prêt qui n'aura lieu que si vous venez, par la suite, à vous servir de l'argent que je vous ai donné en dépôt. Le contrat ne sera donc parfait que du moment où, pour vous servir du sac d'argent, vous l'aurez retiré du lieu où vous le gardiez en dépôt (3). Dans la première espèce, au contraire, le contrat est parfait, dès l'instant où le concours nouveau des deux volontés a changé le titre auquel possédait le dépositaire primitif.

22. Nous devons immédiatement parler d'une difficulté que fait naître l'hypothèse d'un dépôt converti en *mutuum* par le moyen d'une tradition fictive. Il s'agit des risques de la chose prêtée. Dans le prêt de·consommation, l'emprunteur, devenu propriétaire et débiteur d'une quantité, n'est pas libéré par la perte fortuite de la chose : *genera non pereunt* : les risques sont pour lui.

Nous comprenons que l'on décide ainsi, même pour le dépôt,

(1) Inst., 2, 1, De divis. rer., § 44.
(2) D., 12, 1, De reb. cred., L. 9, § 9 Ulp.
(3) D., 12, 1, De reb. cred., L. 10 (Ulp.).

à partir du moment ou le dépositaire, de fait ou d'intention, est devenu emprunteur ; car la transformation est opérée, et nous admettons alors ces paroles d'Ulpien : *Ergo transit periculum ad eum qui rogavit mutuum* (1).

Mais le jurisconsulte paraît ailleurs aller plus loin : il décide que dès le premier moment du dépôt, les risques sont pour le dépositaire (2). Doneau a cherché à concilier cette réponse avec les principes vulgaires qui déchargent le débiteur, alors que la chose a péri sans sa faute. Il établit que dans le *mutuum*, où il est de règle que la perte de la chose prêtée est toujours pour l'emprunteur, il faut se préoccuper de cette règle spéciale et décisive en cette matière, plutôt que des principes qui gouvernent certaines conventions accessoires, ou intermédiaires, par lesquelles le contrat de prêt peut passer avant de devenir définitif. C'est le but que les parties se sont proposé, c'est le point initial de leur accord qu'il faut surtout envisager. Or on a voulu faire un prêt ; le dépôt n'est que transitoire ; ce sont donc les règles du prêt qu'il faut suivre.

23. Cujas et Pothier ont résisté à cette interprétation ; ils n'ont pu admettre une chose aussi étrange qu'un dépositaire responsable de la force majeure, et ils ont supposé qu'Ulpien n'a pas voulu parler d'une perte fortuite, mais d'une perte occasionnée par une faute, même très-légère, de l'emprunteur.

24. Pour nous, nous avons cru devoir adopter un système intermédiaire qui n'est pas celui de Cujas, mais qui n'est pas non plus celui de Doneau. Ulpien n'a pas considéré la faute, même très-légère, de l'emprunteur : rien dans les termes généraux de la loi 4 ne permet de supposer une pareille restriction ; d'ailleurs, le jurisconsulte se reporte à la loi 11, *hoc titulo*, sur laquelle nous reviendrons : il y a pour lui même raison de décider. Or, dans cette loi 11, il est question de force majeure et non de faute : aussi nous repoussons l'interprétation de Cujas.

Mais, d'un autre côté, Doneau nous paraît avoir été trop loin, lorsqu'il décide que les contrats intermédiaires doivent être comptés pour rien ; cela ne peut pas être vrai en thèse générale. Ulpien a pris un cas particulier, et il y adapte une décision particulière ;

(1) D., 12, 1, De reb. cred., L. 9, § 9, in fine.
(2) Eod., L. 4, pr.

qu'on lise la loi 4, et l'on verra qu'en réalité c'est par un abus de mots que le contrat primitif a été appelé dépôt. Dans un dépôt ordinaire, c'est le déposant qui a intérêt au contrat ; ici, au contraire, c'est le dépositaire qui sollicite le dépôt ; il aura peut-être besoin d'argent, mais son prêteur sera absent quand naîtra ce besoin ; il lui demande immédiatement la somme nécessaire, quitte à ne pas s'en servir, et il veut, s'il ne s'en sert pas, n'avoir été que dépositaire ! Pourquoi cette clause ? Uniquement pour se soustraire aux risques de la perte fortuite. Mais le jurisconsulte ne veut pas qu'on abuse ainsi de la bienveillance du déposant-prêteur ; et pour lui, cette transformation, dont nous avons parlé plus haut, a lieu dès l'origine du contrat : c'est un prêt immédiat ! Que si l'emprunteur n'a pas eu besoin de l'argent, qu'il le rende en nature, personne ne l'en empêchera.

Mais si les choses s'étaient passées autrement, si le déposant avait demandé lui-même, et dans son intérêt, à faire le dépôt ; puis, que le dépositaire, consentant à se charger d'une garde parfois difficile et inquiétante, ait stipulé pour lui l'autorisation d'employer la chose à son profit si besoin est, il faudrait décider autrement ; les risques seraient à la charge du déposant, tant que le dépositaire n'a pas manifesté l'intention de devenir emprunteur, et cependant ce dépôt est un contrat transitoire et intermédiaire !

§ 2. — Propriété du prêteur.

25. Le prêteur doit être propriétaire de la chose prêtée, sans quoi il n'en pourrait pas lui-même transférer la propriété à l'emprunteur. *In mutui datione, oportet dominum esse dantem* (1).

26. Mais le texte lui-même qui pose ce principe, y apporte immédiatement une exception, fondée sur l'idée du mandat. Nous allons passer rapidement en revue toutes les hypothèses où un mandat, soit exprès, soit tacite, joint à des traditions fictives, permet l'existence du *mutuum*, bien qu'au moment de la convention, le prêteur ne fût pas propriétaire de la chose prêtée.

27. Quand on donne l'ordre à son débiteur de prêter à un tiers tout ou partie de la dette primitive, le créancier est considéré comme

(1) D., 12, 1, De reb. cred., L. 2, § 2 (Paul.).

ayant livré lui-même les écus au tiers qui les emprunte : *Si volun-
tate mea tu des pecuniam, mihi actio adquiritur licet mei nummi
non fuerint* (1), et ailleurs : *Si debitorem meum jussero dare pecuniam obligaris missi* (2). Dans la réalité des choses, une seule
tradition est effectuée, de mon débiteur à l'emprunteur. Dans la
fiction, il y a deux traditions, la première de mon débiteur à moi,
et la seconde de moi à l'emprunteur ; c'est ce que les docteurs
ont appelé la tradition de *brève main*.

28. On va plus loin encore, et l'on décide que le prêt existe,
alors que sans ordre, sans mandat, à l'insu même d'un tiers, on
prête ses propres deniers au nom de ce tiers (3), qui est censé avoir
prêté lui-même, et qui acquiert ainsi une action. Cette extension
paraît contraire au principe d'après lequel nul ne peut acquérir par
une personne libre (4). On ne saurait en effet contracter, de telle
sorte qu'un autre ait le droit d'agir, en vertu d'un contrat auquel
il n'a pas figuré : *Quæcunque gerimus, cum ex nostro contractu
originem trahunt, nisi ex nostra persona obligationis initium su-
mant, inanem actum nostrum efficiunt : et ideo neque stipulari,
neque emere, vendere, contrahere, ut alter nomine suo recte agat,
possumus* (5). Et alors, dans l'hypothèse actuelle, on pourrait dire
que le prêt ne donne naissance à aucune obligation : le prêteur, en
effet, n'a pas acquis d'action à son profit, parce qu'il ne l'a pas
voulu, et n'en a pas acquis davantage au profit du tiers, parce
qu'il ne l'a pas pu, même en prêtant au nom de ce tiers. Cependant Ulpien accorde la *condictio* au tiers au nom duquel le prêt
a été effectué, et il n'entre dans aucune explication à l'égard des
règles ci-dessus exposées qu'il paraît contredire. Mais tout s'explique
si une condition, qu'Ulpien n'a pas indiquée (parce qu'à ses yeux
elle allait de soi), est remplie dans l'espèce proposée : nous voulons
dire si, après le prêt effectué, le tiers a ratifié l'opération. En effet,
la ratification a un effet rétroactif, et tout se passe alors comme
s'il y avait eu mandat dès l'origine (6). Donc, à l'instant où le

(1) D., 12, 1, De reb. cred , L. 2, § 4.
(2) Eod., L. 15 (Ulp.).
(3) D., 12, 1, De reb. cred., 9, § 8 (Ulp.)
(4) Inst., 2, 9, Per quas pers., § 5.
(5) D., 44, 7, De obl. et act., L. 11 (Paul.).
(6) D., 5, 1, De judic., L. 56 (Ulp.). — C., 4, 28, Ad sen. consult. Maced., L. 7
(Justinien).

prêteur veut posséder pour celui au nom duquel il prête, celui-ci (qui ratifie plus tard), est censé vouloir que l'on possède pour lui. Or, de ce concours de volontés, résultent les bénéfices de la possession au profit du tiers : *quod meo nomine possideo, possum alieno nomine possidere...... nam possidet, cujus nomine possidetur* (1), et de la possession résulte la propriété : *quia placet per liberam personam omnium rerum possessionem quæri posse, et per hanc, dominum* (2). Le tiers est donc considéré, au moyen du constitut possessoire, comme ayant prêté ses propres écus, par le ministère d'autrui.

Que s'il n'y avait pas ratification postérieure, il est évident que le tiers n'aurait pas d'action : *invito beneficium non datur* (3). Mais au moins, le prêteur ne pourra-t-il pas agir pour réclamer la restitution des écus prêtés? S'il ne le peut pas en vertu du *mutuum*, parce qu'il n'a pas prêté afin de créer une obligation en sa faveur, il le pourra par une *condictio ob causam dati, causa non secuta,* donnée toutes les fois que le but que l'on se proposait n'est pas atteint. En effet, il avait l'intention d'acquérir à autrui le profit de l'obligation qui naît du *mutuum*, et ce profit n'a pas été acquis. L'argent se trouve donc sans cause entre les mains de l'emprunteur.

29. Nous venons de voir comment un mandat tacite devient, par suite d'une ratification postérieure, équivalent à un mandat formellement exprimé avant le contrat. Il nous reste à examiner d'importants exemples de mandats tacites, dans lesquels nous verrons que le droit de prêter, toujours corrélatif au droit d'aliéner, se rattache souvent au droit d'*administrer*. Nous allons en conséquence étudier les pouvoirs, relativement au *mutuum*, des fils de famille, des esclaves, des tuteurs, des curateurs et des administrateurs des cités.

30. L'esclave n'est pas propriétaire de son pécule : *ipse enim servus, qui in potestate alterius est, nihil suum habere potest* (4). Cependant, il peut le prêter et acquérir ainsi une action à son maître : c'est que celui-ci, en lui concédant un pécule, lui a par

(1) D., 41, 2, De adq. poss., L. 18 (Celsus).
(2) D., 41, 1, De adq. rer. dom., L. 20, § 2, in fine (Ulp.
(3) D., 50, 17, De reg. jur., L. 69 (Paul.).
(4) Inst., II, 9, § 3, Per quas pers.

cela même concédé les pouvoirs que comporte une sage administration. Or ces pouvoirs, qui n'iraient pas jusqu'à une aliénation ordinaire ou à un échange (1), parce que ce ne sont pas des actes nécessaires, sans la *libera administratio* du pécule, vont certainement jusqu'à la faculté de prêter, afin que les capitaux ne restent pas oisifs. C'est le maître qui est censé avoir prêté par les mains de son esclave : *si servus meus, cui concessa est peculii administratio, crediderit tibi, erit mutua* (2).

31. Quant au fils de famille, nous devons entrer dans quelques détails, car sa position n'est pas la même suivant la nature du pécule qu'il donne en *mutuum*.

A mesure que les principes rigoureux du droit romain se sont relâchés, on voit la position du fils de famille s'améliorer : dès les premiers temps de l'empire, époque où les constitutions impériales prodiguèrent des priviléges aux soldats, sous Auguste, sous Néron, sous Trajan, il commença à être établi que les fils de famille pourraient disposer, soit entre vifs, soit par testament, de tout ce qu'ils auraient acquis à l'occasion de leur service militaire : c'est le pécule *castrans*, à l'égard duquel cette règle passa en axiome : *Filiifamilias in castrensi peculio vice patrumfamiliarum funguntur* (3).

Le *mutuum* de tout ou partie du pécule *castrans* sera donc parfaitement valable.

Plus tard, et à l'imitation du pécule castrans, d'autres empereurs établirent que certains biens, quoiqu'ils ne fussent pas acquis dans le service militaire, appartiendraient aux fils de famille comme les biens castrans. Ce fut là ce qu'on nomma le pécule *quasi-castrans*. Certains passages d'Ulpien prouvent qu'au temps de ce jurisconsulte, ce pécule était déjà connu (4); mais ce furent principalement les constitutions de Constantin le Grand qui en développèrent les règles, et après lui, quelques empereurs l'étendirent encore. Constantin érigea en pécule quasi-castrans tout ce que les différents officiers du palais, dont l'énumération se trouve dans sa

(1) D., 2, 14, De pactis, L. 28, § 2 (Gaius).
(2) D., De reb. cred., L. 11, § 2 (Ulp.).
(3) D., 14, 6, De sen. mac., 2 (Ulp.)
(4) M. Ortolan, auquel nous avons emprunté cette remarque (t. I, p. 197), ne cite pas les passages d'Ulpien auxquels il fait allusion. Nous ne les avons pas retrouvés.

constitution, auraient gagné pendant leurs fonctions, soit de leurs économies, soit des dons de l'empereur (1). Cette faveur fut étendue successivement à d'autres professions : par Théodose et Valentinien, aux avocats prétoriens ; par Honorius, aux avocats de toutes les juridictions ; par Léon, aux évêques, aux diacres orthodoxes. Enfin, d'après Justinien, tout ce qui provient d'une libéralité impériale en dehors de toute fonction, forme le pécule quasi-castrans.

Les fils, à l'égard de ce pécule, étaient considérés comme chefs de famille aussi bien que pour le pécule castrans ; ils pouvaient donc le donner en *mutuum*.

Le pécule adventice, créé par Constantin, se composa d'abord de tous les biens recueillis par le fils dans la succession de sa mère ; nous savons que le père en est seulement usufruitier, mais que cet usufruit de choses fongibles le rend, à vrai dire, propriétaire. Plus tard, dans le pécule adventice, on fit entrer tout ce qui provient *aliunde quam ex re patris* (2).

Enfin le pécule profectice n'est pas, à proprement parler, un pécule, puisqu'il appartient complétement au père de famille.

32. Ces principes exposés, on voit que nous n'avons à nous occuper ici que de deux hypothèses : le fils de famille prête ou son pécule profectice, ou son pécule adventice ; dans les deux cas, il prête la chose d'autrui. Mais ce que nous avons dit pour l'esclave peut se répéter ici ; de la concession du pécule, on fait découler un mandat tacite qui donne au fils le pouvoir d'administrer, et par conséquent de prêter.

Mais dans les deux cas, l'action est acquise au maître ou au père. L'esclave ou le fils ne sont que des intermédiaires, et ne pourraient agir en leur propre nom pour exiger le remboursement.

33. On a fait cependant une exception à ce principe en faveur des jeunes gens envoyés à Rome pour y faire leurs études : *cum filiusfamilias viaticum suum mutuum dederit, cum studiorum causa Romæ ageret, responsum est a Scævola extraordinariis judicio esse ei subveniendum* (3). Ils pourront agir en leur propre nom, car leurs pères sont peut-être fort éloignés, et ils seraient

(1) C., 12, 31, De castr. om. pal. pec., lex un.
(2) C., 6, 60, De bonis mat., L. 6 (Just.).
(3) D., 12, 1, De reb. cred., 17 (Ulp.).

exposés à mourir de faim, s'ils devaient attendre, pour exiger un remboursement, l'arrivée à Rome du chef de famille.

34. Nous avons annoncé que nous aurions à nous occuper des tuteurs, des curateurs et des administrateurs des cités. Bien que prêtant la chose d'autrui, ils peuvent faire un *mutuum*.

Ainsi, un tuteur non-seulement peut, mais même doit, dans les six mois qui suivent sa nomination, prêter les écus du pupille ou du fou dont il a la tutelle. S'il manquait à ce devoir, il serait condamné à payer les intérêts des sommes qu'il a laissées oisives (1).

Ainsi encore, l'administrateur d'une cité peut prêter les deniers à elle appartenant; nous lisons en effet : *Gaius Seius, qui rem publicam gerebat, fœneravit pecuniam publicam* (2).

C'est que, dans ces deux exemples, prêter, c'est agir en bon père de famille; c'est faire un acte de bonne administration, et obéir à un mandat général.

C'est le propriétaire (c'est-à-dire le pupille ou la cité) qui acquiert l'action. Dans le cas où les deniers appartenaient au pupille avant le commencement de la tutelle, il acquiert l'action *ex mutuo* parce qu'il a prêté par mandataire. Si ce sont des deniers payés postérieurement au tuteur, pendant la tutelle, le tuteur en est devenu possesseur au nom du pupille, lequel en devient par cela même propriétaire (3) : il a donc encore prêté par mandataire.

35. Le tuteur, prêtant les deniers du pupille, doit le faire au nom de ce pupille ; mais, alors même qu'il aurait manqué à ce devoir, et aurait fait le *mutuum* en son propre nom, le pupille serait protégé contre cette faute, et pourrait exiger le remboursement de ses deniers, au moyen d'une action utile : *si tutor vel curator pecunia ejus, cujus negotia administrat, mutua data, ipse stipulatus fuerit, utilis actio et datur, cujus pecunia fuit, ad mutuam pecuniam exigendam* (4).

Il n'est même pas besoin d'être dans la position privilégiée

(1) D., 26, 7, De adm. et peric. tut., L. 15 (Paul.).
(2) D., 22, 1, De usur. et fruct., L. 11 (Paul).
(3) Inst., II, 9, 5.
(4) D., 26, 9, Quam ex fact. tut., L. 2 (Ulp.). — C., 5, 39, eod., 2 (Alex.).

d'un pupille pour jouir de ce recours direct. Tout mandataire infidèle qui prête en son propre nom les deniers de son mandant, acquiert à celui-ci une action utile pour en réclamer la restitution : *quod procurator ex re domini , mandato non refragante, stipulatur, invito procuratore, dominus petere potest* (1).

36. Si dans cette hypothèse, il n'y a pas de faveur pour le pupille, nous allons voir au contraire un cas particulier dans lequel une stipulation, nulle pour tous autres, est valable pour le pupille.

On sait, et nous avons dit, qu'on ne peut pas contracter de telle sorte qu'un autre ait le droit d'agir en vertu d'un contrat auquel il n'a pas figuré (2). Si donc on stipulait au nom d'autrui, la stipulation serait nulle : *si quis alii quam cujus juri subjectus sit, stipuletur, nihil agit* (3). (Nous avons montré comment, dans le *mutuum* fait au nom d'un tiers, on ne viole pas ce principe.) Et par conséquent, on ne peut pas, en faisant la numération, adjoindre une stipulation en vertu de laquelle la chose doive être vendue à un tiers. Au contraire, s'il s'agit des pupilles, des fous, des prodigues ou des cités, l'administrateur pourra stipuler nominativement que les deniers prêtés seront rendus à l'incapable, et celui-ci agira en remboursement, par l'action qui naît de la stipulation , non-seulement contre le débiteur, mais encore contre les fidéjusseurs, s'il y en a : *si actori municipum, vel tutori pupilli, vel curatori furiosi vel adolescentis, ita constituatur, municipibus solvi, vel pupillo, vel furioso, vel adolescenti, utilitatis gratia puto dandam municipibus, pupillo, furioso, adolescenti utilem actionem* (4).

La même faveur a été concédée au militaire : *si pecuniam militis procurator ejus mutuam dedit, fidejussoremque accepit, exemplo eo quo si tutor pupilli, aut curator juvenis pecuniam alterutrius eorum creditam stipulatus fuerit, actionem dare militi, cujus pecunia fuerit, placuit* (5).

37. Qu'on nous permette ici une disgression : elle nous est

---

(1) D., 3, 3, De proc., L. 68 (Pap.).
(2) D., 44, 7, De oblig. et act., L. 11 (Paul.).
(3) Inst., 3, 9, De inut. stip., § 4.
(4) D., 13, 5, De pec. const., L. 5, § 9 (Ulp.).
(5) D., 12, 1, De reb. cred., L. 26 (Ulp.).

commandée par le texte même du Digeste qui sert de base à ce travail : nous avons dit que le tuteur pouvait stipuler une restitution nominale en faveur de son pupille. Dans toute autre hypothèse, il faudrait suivre le précepte d'Ulpien : *Numeravi tibi Deum, et hæc alii stipulatus sum : nulla est stipulatio* (1). Et alors, le jurisconsulte examine quelle sera la valeur d'un *mutuum* auquel les parties ont adjoint une stipulation qui est nulle en vertu d'un principe de droit. Le *mutuum* ne sera-t-il pas vicié lui-même par l'adjonction d'une stipulation vicieuse? Ulpien (2), reprenant chacune des espèces où la stipulation est nulle, décide que, dans tous les cas, le *mutuum* est valable. La question n'était ni sans difficulté ni sans importance : *dignum habent tractatum*, dit le jurisconsulte.

En effet, s'agit-il du cas qui vient de nous occuper, où l'on a stipulé que les écus seraient restitués à un tiers, on pourrait croire que le *mutuum* lui-même ne donnera naissance à aucune obligation. Il y a bien eu une numération de deniers; mais, *non omnis numeratio eum qui accepit, obligat, sed quotiens id ipsum agitur ut confestim obligaretur* (3). Or, dans le cas qui nous occupe, la livraison des deniers n'a pas eu pour but d'obliger l'emprunteur, puisqu'en y adjoignant une stipulation pour assurer la restitution, le prêteur a manifesté l'intention de faire dépendre l'obligation de l'emprunteur de la stipulation plutôt que de la numération elle-même. Aussi, lorsque le contrat verbal est régulier et valable, n'y a-t-il qu'une seule obligation, née de la stipulation, et non pas de la numération des deniers : *nam quotiens pecuniam mutuam dantes, eamdem stipulamur, non duæ obligationes nascuntur, sed una verborum* (4). Il n'y a même pas novation; car la tradition n'a pas produit une première obligation destinée à être anéantie par la création d'une seconde; elle a été plutôt effectuée pour servir de cause à la stipulation : *non puto obligationem numeratione nasci, et deinde eam stipulatione novari : quia id agitur ut sola*

(1) Eod., L. 9, § 4.
(2) Loc. cit., §§ 4, 5, 6, 7.
(3) Eod., L. 10 (Jul.).
(4) D., 45, 1, De verb. obl., L. 126, § 2 (Paul.).

2

*stipulatio teneat, et magis implendæ stipulationis gratia nume-
ratio intelligenda est fieri* (1).

Ainsi, lorsque la stipulation est valable, il n'y a qu'une obligation verbale : si celle-ci est nulle, tout ne doit-il pas être nul aussi ?

Ulpien décide, au contraire, que le stipulant aura la condiction.
Il considère qu'il y a eu deux contrats, l'un réel, créé par la tradition de la chose, l'autre verbal, qui ne produit pas d'effet. Ces
deux contrats, s'ils étaient réguliers tous deux, ne donneraient pas
naissance chacun à une action, et la stipulation serait seule efficace ;
mais en l'absence de l'un, l'autre du moins doit être la source d'une
obligation. L'intention évidente des parties a été que l'emprunteur
fût contraint à une restitution. Le prêteur, en stipulant, a eu pour
but, il est vrai, d'obliger l'emprunteur en vertu de la stipulation,
mais c'était sous cette condition tacite que la stipulation fût valable ;
et à tous autres égards, il a montré qu'il ne voulait pas faire une
donation : il doit donc pouvoir répéter, sinon comme ayant stipulé
la restitution, du moins comme ayant livré les deniers avec l'intention d'en exiger le remboursement.

.Cette doctrine d'Ulpien ne nous paraît pas rationnelle. Quoi !
lorsque la stipulation est valable, elle seule joue un rôle, le reste
n'est considéré que comme une cause ; et l'on décide le contraire
lorsque la stipulation est nulle ! A notre avis, dans tous les cas, il
n'y a qu'un contrat ; la numération est une cause, et elle est faite
sous la condition que la stipulation sera valable : cette condition
n'est pas accomplie, il faut donc rendre : il y aura une *condictio*,
mais non pas une *condictio ex mutuo*, puisqu'il n'y a pas *mutuum ;*
ce sera plutôt une *condictio causa data causa non secuta.*

38. Ulpien continue à examiner ce que vient produire une stipulation nulle, adjointe à une *numération* : ainsi, après avoir prêté
à un pupille avec l'autorisation du tuteur, on stipule la restitution
sans que le pupille soit autorisé au contrat verbal. Ici encore une
difficulté se présente ; car le même jurisconsulte dit ailleurs qu'au
moyen de toute obligation, fût-elle *naturelle*, on peut nover une
obligation antérieure, et il cite précisément l'exemple d'un pupille :
ut puta, si pupillus sine tutoris auctoritate promiserit (2). Il en

---

(1) D., 46, 1, De novat, L. 7 (Pomp.).
(2) D., 46, 1, De nov., L. 1, § 1, in fine.

résulterait que la stipulation, bien que nulle, a nové la première obligation, qui se trouve ainsi ne produire aucun effet. Mais il ne dit pas : toute obligation *est novée*; il a soin d'écrire : *novari potest*, la chose est possible dans certains cas, mais n'est point indispensable et n'arrive pas toujours; il faut, en effet, pour anéantir l'obligation primitive, que la seconde contienne *interventum novæ personæ, vel novæ rei* (1). La stipulation nouvelle, ne remplissant pas cette condition, dans l'hypothèse qui nous occupe, n'opère pas novation, et le *mutuum* produit ses effets.

Mêmes décisions, identiquement motivées, à l'égard du prêteur qui stipule d'un prodigue ou d'un fou, après avoir fait la tradition lorsque l'emprunteur était encore capable.

39. L'examen de tout ce qui a rapport au pupille nous a entraîné bien loin de notre point de départ. On s'en souvient, nous recherchions dans quels cas, sans violer les principes, un prêt peut être valable, bien que le prêteur ne soit pas le propriétaire de la chose prêtée, et nous avions vu comment on a recours à l'idée du mandat et aux traditions fictives.

Mais voici deux exemples fameux dans lesquels la difficulté se complique d'une circonstance particulière : non-seulement le prêteur n'est pas propriétaire de la chose, mais c'est l'emprunteur lui-même qui, avant le prêt, sans tradition faite par le prêteur, en est propriétaire ! Nous examinerons ces deux hypothèses l'une après l'autre, car elles ont donné lieu aux plus sérieuses difficultés.

Disons tout de suite cependant que dans les deux cas, Ulpien admet la possibilité du *mutuum*. Les traditions fictives ont amené un résultat analogue, lorsque deux personnes (outre le prêteur) intervenaient dans le contrat; pourquoi n'en serait-il pas de même lorsque le prêteur n'a affaire qu'à une seule personne? *Quod in duabus personis recipitur, hoc et in eadem persona recipiendum est* (2).

40. Voici le cas particulier prévu par la loi 11 : je veux vous prêter de l'argent et je n'en ai pas; je vous donne un plat d'or avec mandat de le vendre, et je vous autorise à garder le prix de la

(1) Inst., 3, 29, Quibus mod. ob. toll., § 3.
(2) De reb. cred., L. 18 (Ulp.).

vente à titre de prêt : on voit tout de suite la difficulté ; non-seulement je ne vous ai pas fait la tradition de ce prix, non-seulement je n'en ai jamais été propriétaire, mais encore c'est vous, mandataire, qui, indépendamment de toute idée de *mutuum*, en avez acquis la propriété par suite de la vente.

Cependant Ulpien décide qu'il y a prêt, et que vous devez me rendre au temps convenu le prix dont il s'agit. En effet, si le prêteur lui-même n'a pas livré l'argent, il a fait tradition de l'objet qui représentait cet argent ; il en a autorisé la vente, et c'est grâce à lui que l'emprunteur en a touché le prix ; il doit donc être considéré comme s'il avait vendu lui-même, et livré ensuite le produit à l'emprunteur. S'il s'agissait d'un dommage, on en rendrait bien responsable celui qui en a été l'occasion (1) ; à plus forte raison ici doit-on compte au prêteur des avantages survenus par sa volonté.

On pourrait se contenter de ce raisonnement si Africain (2) ne paraissait le repousser d'une manière absolue. En effet, après avoir avancé qu'un simple pacte ne peut pas constituer un prêt, il en donne pour démonstration qu'il n'y a pas *mutuum*, précisément dans l'espèce qui nous occupe : *His argumentum esse, eum, qui cum mutuam pecuniam dare vellet, argentum vendendum dedisset, nihilo magis pecuniam creditam recte petiturum, et tamen pecuniam ex argento redactam, periculo ejus fore, qui accepisset argentum.*

Ces deux opinions, si nettement opposées, ont fort tourmenté les commentateurs. Voët (3) a proposé l'explication suivante : il est évident que l'intention de prêter plus tard ne peut à elle seule constituer le *mutuum*, que le but seul auquel on destine les écus ne produit pas l'effet de traditions feintes : *non ad verba referendum sed ad numerationem* (4) ; c'est précisément ce qu'exprime Africain lorsqu'il dit : *nuda pactione pecuniam creditam fieri non posse.* En effet, dans

(1) Ainsi, lorsqu'un esclave a été blessé légèrement, mais qu'il périt ensuite faute de soins, son maître a l'action de la loi Aquilia contre celui qui l'a blessé. D , 9, 2, ad leg. Aq., L. 30, § 4 (Paul.).
(2) D., 17, 1, Mandati, L. 34.
(3) De reb. cred., n° 4.
(4) D., 14, 6, De sen. consult. Mac., L. 4 (Scœv.).

l'espèce qu'il propose, il n'est pas question de pacte en vertu duquel l'argent, produit par la vente, serait considéré comme prêté ; le jurisconsulte n'ajoute pas, comme le fait Ulpien : *ut nummi inde redacti mutui essent*, ou bien *ut nummis uteretur*, formules qui équivalent à une tradition feinte, dès que la numération du prix a été effectuée. On voit seulement un homme qui, sans doute, a l'intention et le bon vouloir de prêter, mais qui, en définitive, livre simplement un objet pour qu'on le vende ; à tous autres égards, la loi est muette ; car, dans l'exemple d'Africain, on ne trouve pas cette convention, exprimée par Ulpien : *ut nummi ex argento vendendo dato mutui essent.* Il s'agit donc d'un contrat innomé, du contrat estimatoire, d'après lequel on livre, pour être vendue, une chose estimée un certain prix, à quelqu'un qui doit vendre ou la chose elle-même, ou l'estimation convenue.

Nous ne saurions admettre une semblable explication ; l'esprit, et les termes mêmes de la loi d'Africain nous empêchent de supposer que le jurisconsulte ait voulu parler d'un homme qui livre un objet à vendre, sans rien ajouter. Quoi ! il veut démontrer qu'un simple pacte ne constitue pas le *mutuum*, et il argumenterait d'une espèce où il n'y a pas de pacte du tout ! D'ailleurs, il s'agit de prêt dans l'espèce, car on a livré la chose *quum pecuniam mutuam dare velles ;* et Africain ajoute que le produit sera aux risques de celui qui l'a reçu ; or cette somme ne peut être à ses risques que si elle lui a été laissée en vue d'un *mutuum* (1).

La question reste donc entière :

Doneau (2) reconnaît qu'il doit y avoir eu une convention de prêt ; mais, à ses yeux, cette convention n'a porté que sur l'objet destiné à être vendu ; car il faut se tenir strictement aux termes de la loi, d'après lesquels *argentum vendendum datum est*, sans que l'on ajoute : *ut nummis utereris ;* de telle sorte que, dans l'espèce, on a voulu donner en *mutuum* le lingot lui-même, et non pas l'argent qui doit en être retiré. Il en résulte qu'il n'y a prêt ni du lingot ni des écus produits par la vente : du lingot, parce que ce n'est pas une chose susceptible d'être l'objet d'un *mutuum* (3) ;

(1) Arg., D., 12, 1, De reb. cred., L. 4 (Ulp.).
(2) De reb. cred., ad. L. 11, n° 3.
(3) D., 12, 1, De reb. cred., L. 2, § 1 (Paul.).

des écus, parce que ce n'est pas sur eux que la convention a porté.

Cette interprétation ne nous paraît pas moins subtile que la première; autant que celle de Voët, elle dénature la pensée d'Africain, qui ne peut, pour démontrer que le *mutuum* n'existe pas en vertu d'un simple pacte, dire simplement deux choses bien connues d'ailleurs : qu'il n'y a pas *mutuum* si la chose prêtée n'est pas susceptible d'en être l'objet, ou si elle n'a pas été comprise dans la convention.

Nous pensons donc, avec Cujas (1) et avec Noodt, (2) qu'il faut renoncer à une conciliation impossible. Africain a été l'organe d'une jurisprudence plus ancienne et plus exigeante. Ulpien, au contraire, s'est montré plus facile parce qu'il était l'interprète d'un droit plus équitable; aussi son avis a-t-il prévalu, et nous voyons les empereurs Dioclétien et Maximien décider que dès qu'on a remis à un tiers un objet estimé un certain prix, il y a prêt de ce prix (3).

41. Nous ne pouvons passer sous silence une difficulté d'un autre ordre, que nous avons déjà rencontrée sous les n°s 22, 23 et 24. Le plat d'or, confié primitivement à l'emprunteur à titre de mandat, est aux risques et périls du mandataire. Nous connaissons le motif qu'en donne Doneau, il est le même que s'il s'agissait d'un dépôt converti en *mutuum*; il ne faut considérer que le but, sans prendre garde aux contrats intermédiaires qui ne servent qu'à l'atteindre.

Nous avons rejeté cette interprétation quant au dépôt, et nous avons dit que, dans notre opinion, la solution d'Ulpien était uniquement relative à un cas tout particulier. Nous la repoussons aussi relativement au mandat, et voici pourquoi.

A notre avis, il n'y a pas mandat; il y a prêt immédiat du plat d'or, avec autorisation de rendre de l'argent; n'arrive-t-on pas à ce résultat avec des traditions fictives? Et alors l'emprunteur est propriétaire du plat, et les risques sont à sa charge. Lisez en effet la loi 11; si mon intention était, personnellement et en dehors de toute idée de prêt, de vendre le plat, la perte fortuite ne sera pas supportée par l'emprunteur, parce qu'il est mandataire, et non

(1) Traité 8, Ad Afric.
(2) De reb. cred.
(3) C., 4, 2, Si cert. pet., L. 8 (Dioc. et Max.).

pas emprunteur véritable; j'ai fait par ses mains ce que je voulais faire par moi-même; si au contraire j'ai livré ce que je ne voulais pas vendre, je l'ai aliéné immédiatement, avec autorisation d'en rendre l'estimation, ou le prix de vente.

42. Le second exemple prévu par Ulpien est celui-ci.

J'ai autorisé mon débiteur à retenir à titre de prêt le montant de sa dette : le jurisconsulte décide que le *mutuum* est valable (1).

En effet, on doit admettre ici, comme lorsque trois personnes sont en présence, que le débiteur est censé avoir fait tradition à son créancier, lequel a immédiatement retransféré la propriété à son débiteur.

Mais la même loi d'Africain (2) vient encore contredire cette doctrine : *respondit non esse creditum*. Doneau, et plus tard Voët, ont pensé qu'Ulpien et Africain ayant traité de deux hypothèses différentes, les solutions qu'ils donnent ne sont pas en désaccord.

En effet, disent les deux savants jurisconsultes (3), il ressort des termes employés par Africain, qu'il s'agit, dans son espèce, de deux personnes éloignées l'une de l'autre, de celles qu'en droit romain on appelle *absentes*.

C'est un *procurator*, qui *écrit* à son mandant pour l'avertir qu'il a touché une certaine somme, et qu'il le prie de la lui laisser à titre de prêt; *epistolam ad eum emisit*. Ulpien, au contraire, ne fait aucune distinction ; il parle d'un mandant et d'un mandataire, sans indiquer s'ils sont présents ou absents ; rien n'empêche donc que nous restreignions l'espèce proposée par Ulpien au cas où la convention a été faite entre présents; cette restriction est fort en usage, et souvent indispensable, pour expliquer et concilier des lois, dont l'une énonce un principe général, et l'autre contredit ce principe en faisant une distinction. Ceci posé, c'est à bon droit qu'Ulpien a admis des traditions sous entendues, et par suite, la validité du *mutuum;* et ce n'est pas à un moins juste titre qu'Africain les a repoussées. En effet, les fictions de droit sont soumises aux possibilités matérielles, à moins de disposition formelle et contraire. Or, entre présents, la tradition était matériel-

(1) D., De reb. cred., L. 15.
(2) D., 17, 1, Mandati, L. 34 (Afric.).
(3) Voët, De reb. cred., n° 5. — Doneau, ad leg. 15, Singularia, n° 29 et suiv.

lement possible; elle ne l'est pas entre absents ; de là la différence
des solutions dans deux espèces différentes. Cette différence pro-
fonde qui résulte, à l'égard des traditions feintes, de ce que les
parties contractantes sont ou absentes ou présentes, n'est pas une
invention nécessitée par les besoins de la cause (1). Elle repose
sur un autre passage d'Ulpien, qui établit clairement que là ou la
tradition matérielle est impossible, en raison de l'éloignement des
parties, la tradition fictive ne saurait être admise : *Si is*, dit le jurisconsulte, *qui indebitum accipiebat, delegaverit solvendum, non
erit furti actio, cum* EO ABSENTE *solutum sit : cæterum si* EO
PRÆSENTE, *alia causa est, et furtum fecit* (2). Titius sait qu'on ne
lui doit rien, et Mœvius se croit, par erreur, son débiteur. Titius
lui délègue alors Sempronius, auquel Mœvius paye, et l'on se demande si Titius est coupable de vol (on sait en effet qu'il y a vol,
furtum, lorsque l'on reçoit de mauvaise foi de l'argent qui n'est
pas dû : *quoniam furtum sit cum quis indebitos nummos sciens
acceperit*) (3). Ulpien décide qu'il y a *furtum*, si c'est en présence
de Titius que le payement est effectué. En effet, la *contrectatio
fraudulosa rei* est censée avoir eu lieu, parce qu'en raison de
la présence des parties, il y a traditions fictives de Mœvius à Titius,
puis de Titius à Sempronius. Au contraire, il n'y a pas vol lorsque
Mœvius a payé Sempronius en l'absence de Titius; car alors la
tradition matérielle était impossible, le caractère essentiel de *furtum*, l'appréhension de la chose, ne saurait avoir lieu en réalité;
on ne peut donc le supposer effectué, même fictivement.

A cet exemple, Voët en ajoute plusieurs autres tirés de Paul (4),
de Papinien (5), de Javolenus (6), et dans lesquels il fait ressortir
cette distinction qui fait la base de son système, et en vertu de
laquelle les traditions fictives sont subordonnées à la possibilité
d'une tradition matérielle. La décision d'Africain lui paraît être
une conséquence de ce principe, et ne contredire en rien la loi

(1) Voët., loc. cit.
(2) D., 47, 2, De furtis, L. 43, § 2 (Ulp.).
(3) D., 13, 1, De cond. furt., L. 18 (Scævola).
(4) D., 6, 1, De rei vindic., L. 46 et 47 (Paul.).— Ibid., 41, 2, De acq. vel om.
poss., L. 1, § 21 (Paul.).
(5) D., 18, 1, De contr. emp., L. 74 (Pap.).
(6) D., 46, 3, De solut., L. 79 (Javol.).

d'Ulpien qui nou., occupé, si l'on a soin de restreindre cette loi
au cas où le mandant et le mandataire sont présents.

Malgré une aussi grave autorité, c'est précisément cette restriction qui nous empêche d'adopter l'explication proposée par Voët.
Nous ne pensons pas qu'on ait le droit de créer une distinction
qu'Ulpien ne fait pas soupçonner, lorsqu'il pose en principe général : *Cum ex causa mandati pecuniam mihi debeas, et convenerit
ut crediti nomine eam retineas, videtur mihi data pecunia, et a
me ad te profecta.* Sans doute, dans l'exemple cité par Africain, il
s'agit d'un mandataire éloigné, puisque celui-ci adresse une lettre
à son mandant; mais le jurisconsulte répondait à des questions
particulières (1); il rapporte l'espèce spéciale soumise à son examen,
et ce n'est pas le cas d'appliquer la maxime : *Qui dicit de uno, negat de altero;* car rien n'indique qu'il eût donné une solution différente pour le cas où les parties eussent été en présence. Nous ne
pouvons donc nous empêcher de nous ranger à l'opinion de Vinnius,
qui trouve que chercher à concilier la loi 15, *De reb. cred.*, avec
la loi 34, *Mandati*, c'est *oleum et operam perdere* (2), et nous
répéterons ce que nous avons déjà dit, à propos de la première
hypothèse où se manifeste le dissentiment des deux jurisconsultes.
Bien que dès le temps d'Africain les traditions fictives fussent en
usage, nous voyons, par le texte même de la loi 34, *Mandati*, que
c'était une exception, admise seulement comme une faveur dans
certains cas : *id enim benigne receptum est.* Mais il y a loin de là
à concéder qu'un mandataire, déjà propriétaire, va, par un simple
pacte, changer le titre sur lequel repose sa propriété. Ulpien, plus
moderne, faisant une plus large part à l'intention des parties, a pu
donner une décision qui répugnait encore à la rigueur des principes,
lorsque Africain écrivait.

43. *Prêt de la chose d'autrui.* — Si, en dehors des moyens prévus par les jurisconsultes, on prête la chose dont on n'est pas propriétaire, il faut régler les droits et les devoirs de chacune des trois
parties qui se trouvent en présence : le légitime propriétaire, le
prêteur et l'emprunteur. Nous devons faire à cet égard plusieurs

(1) La loi 34, Mandati, est tirée du livre 8 des *Quæstiones* d'Africain.
(2) Vinnius, Select. quæst., lib. 1, cap. 40.

distinctions : ou la chose a été consommée, ou elle existe encore
en nature. Si elle a été consommée, elle l'a été de bonne ou de
mauvaise foi ; si elle existe encore en nature, elle a été ou n'a pas
été usucapée.

44. 1° Les objets prêtés existent encore en nature, et n'ont pas
été usucapés par l'emprunteur.

Le légitime propriétaire n'a pas perdu son droit de propriété, et
il peut par conséquent revendiquer sa chose entre les mains de l'emprunteur.

Mais celui-ci sera-t-il tenu à l'égard du *tradens*? Il ne sera certainement pas passible de la condiction *ex mutuo*, car il n'y a pas
mutuum, et Ulpien dit expressément : *Si alienos nummos tibi
mutuos dedi, non ante mihi teneris quam eos consumpseris* (1).

Il pourrait, au contraire, être poursuivi par une *condictio certi*,
dans le cas où, avec la numération de l'argent, serait intervenu un
contrat littéral ou une stipulation. — Nous sommes d'accord à cet
égard avec tous les jurisconsultes.

Mais si l'on n'a adjoint aucun contrat à la numération, le *tradens* pourra-t-il répéter la chose qu'il a livrée, par une autre voie
que la *condictio ex mutuo*, voie qui lui est fermée? A ne considérer
que les termes rigoureux d'Ulpien, rapportés plus haut, il faudrait
décider la négative ; car, avant la consommation, aucun lien n'existe
entre le *tradens* et l'*accipiens*; et cependant, la position du prêteur est bien critique lorsque, sous le coup d'une action *ad exhibendum* intentée par le légitime propriétaire, il voit entre les mains
d'un détenteur auquel il a voulu rendre service, et qui n'est pas de
meilleure foi qu'il ne l'était lui-même, l'objet dont la représentation pourra le sauver d'une condamnation souvent exorbitante, et
lorsque la rigueur des principes empêche cette représentation! No-
tez que le propriétaire légitime aurait pu, sans doute, s'adresser
directement, par la revendication, à l'emprunteur qui détient sa
chose actuellement; mais il n'a pas voulu le faire, peut-être afin de
faire punir le *tradens* d'avoir disposé, même pour un temps, de
ce qui ne lui appartenait pas; et le *tradens* n'aura pas le droit de
renvoyer le demandeur à poursuivre le détenteur actuel, car, il

(1) D., De reb. cred., L. 13, § 1.

faut l'avouer, il a cessé de posséder la chose d'autrui de mauvaise foi, puisque, dans notre hypothèse, il est passible de l'action *ad exibendum...*

Ajoutez enfin une dernière considération. Nous verrons tout à l'heure et nous démontrerons que si les objets livrés ont été consommés par l'*accipiens*, le prêteur, fût-il un voleur, a la *condictio* absolument comme si le *mutuum* avait été valable dès l'origine. Comment donc pourrions-nous admettre qu'une circonstance tout à fait indépendante de la volonté du *tradens*, la circonstance de consommation, changeât si complétement sa position, que dans un cas il pût réclamer une restitution intégrale, et que dans l'autre il n'eût aucun droit à un objet qu'il voit près de lui dans son individualité?

Il nous semble que l'on peut remédier à ces graves inconvénients sans violer aucun principe. Non pas que nous partagions l'avis d'Accurse (1) qui, accusant l'*accipiens* de n'être pas devenu propriétaire alors qu'il le pouvait par la consommation, veut qu'on le traite comme s'il avait consommé; nous comprenons que l'emprunteur n'ait peut-être pas voulu devenir complice de la spoliation d'autrui; d'ailleurs, accorder au *tradens* la *condictio ex mutuo*, ce serait aller directement contre la décision d'Ulpien, contre le bon sens même, puisque ce serait donner une sanction à un contrat que nous avouons n'exister pas encore; mais l'argent a été donné en vue d'un *mutuum* qui ne s'est pas accompli. Il se trouve donc sans cause entre les mains de l'emprunteur, et nous accordons au prêteur la *condictio ob causam dati causa non secuta.* A cette action, le débiteur ne pourra pas opposer, comme fin de non-recevoir, qu'on ne l'a pas rendu propriétaire; car, de deux choses l'une : ou il a consommé les deniers, et il est passible de la *condictio ex mutuo;* ou il ne les a pas consommés, et alors il les détient sans cause.

Le demandeur fera donc sagement d'intenter deux actions, subsidiairement l'une à l'autre; la première, pour le cas où il y a eu consommation : la seconde, dans l'hypothèse où cette consommation n'aurait pas été faite. Ulpien cite un exemple de ces ac-

(1) Ad leg. 13, De reb cred.

tions doubles, intentées dans l'incertitude de ce que sera la défense (1).

La *condictio* que nous croyons pouvoir accorder au *tradens*, avant toute consommation, étant fondée sur ce principe général que l'on a toujours le droit de reprendre une chose livrée dans un but non accompli, nous ne nous mettons pas en contradiction avec la loi d'Ulpien ; nous reconnaissons en effet avec le jurisconsulte qu'il n'y a pas de lien légal en vertu du *mutuum*, puisque le *mutuum* n'existe pas encore : mais pour nous, le lien résulte d'un fait matériel, la détention sans cause.

Enfin cette *condictio* ne vient léser aucun intérêt ; en effet, l'*accipiens*, qui peut être poursuivi par deux personnes, ne courra cependant pas le danger de payer deux fois ; si le légitime propriétaire est le plus diligent et revendique sa chose avant que le *tradens* n'ait intenté la *condictio*, lorsque celui-ci agira, il sera repoussé par l'exception de dol ; car il y a dol de sa part à intenter une action fondée uniquement sur la détention, alors qu'il sait que cette détention n'existe plus, et cela par suite de la faute qu'il a commise lui-même en disposant de la chose d'autrui. — Si, au contraire, le *tradens* a devancé le légitime propriétaire, celui-ci n'aura pas la revendication contre l'*accipiens* qui ne possède plus, ni l'action *ad exhibendum*, puisqu'en restituant la chose à son prêteur, l'emprunteur a obéi à une nécessité juridique et a cessé de posséder sans dol.

45. 2° Les objets existent encore en nature ; mais ils ont été usucapés par l'emprunteur.

Le propriétaire primitif (qui a cessé de l'être) ne peut plus revendiquer, et c'est au *tradens* qu'appartient la *condictio* absolument comme si le *mutuum* eût été valable dès l'origine. Il est raisonnable, en effet, qu'après avoir livré la chose d'autrui, on se trouve vis-à-vis de l'*accipiens* dans la même position que si l'on avait livré sa propre chose, lorsqu'il y a eu usucapion, et c'est ce qui est formellement décidé au Digeste à propos des donations à cause de mort : *Si alienam r   m mo s causa donavero, eaque usucapta fuerit, verus dominu cond re non potest; sed ego, si*

(1) D , 43, 3, Quod legat., L. 1, § 4.

convaluero (1). Rien n'est plus juste d'ailleurs que cette décision, car si le *tradens* n'a pas immédiatement transféré la propriété,
il a du moins fourni l'occasion de devenir propriétaire.

Nous avons dit que le propriétaire légitime ne pouvait plus revendiquer ; toutefois, nous n'entendons pas lui refuser toute voie
de recours ; son action, quelle qu'elle soit, devra être dirigée contre
le *tradens ;* mais il nous est impossible de décider à l'avance quelle
sera cette action, qui dépendra du titre auquel le prêteur détenait
la chose prêtée par rapport au propriétaire. Était-ce à titre de dépôt? On agira contre lui par l'action *depositi directa.* Était-ce à
titre de commodat? Le propriétaire emploiera l'action *commodati.*
N'avait-il aucun titre? Suivant les circonstances, le *tradens* sera
passible de l'une des actions *furti,* ou seulement de l'action *ad
exhibendum,* si la détention, qui n'avait pas commencé par un
vol, a cessé de mauvaise foi.

46. 3° La chose a été consommée de bonne foi par l'emprunteur.

Le prêteur a la *condictio : quod si sine dolo malo consumpsisti,
condici tibi poterunt* (2); et cela est vrai, quand même il serait un
voleur. *Nam etsi fur nummos tibi credendi animo dedit, accipientis non facit : sed consumptis eis, nascitur condictio* (3).

Cette action naît du *mutuum,* qui est validé par la consommation. Cette conséquence a été niée par Noodt (4), et a besoin
d'être établie par quelques explications.

Il paraît en effet singulier, au premier abord, que ce qui n'existe
pas en droit produise des effets juridiques. Julien, décidant que le
prêt fait par le pupille, sans autorisation de son tuteur, est validé
par la consommation, donne la raison suivante : *Non alia ratione
quam quod facto ejus intelligatur ad eum, qui acceperit, pervenisse* (5). Est-ce à dire que le *tradens* qui, au moment du contrat, n'était pas propriétaire, et qui ne l'est pas devenu depuis, ait
pu conférer à l'*accipiens* la propriété de choses qui n'existent plus,
et précisément parce que ces choses n'existent plus? Non, sans

(1) D., 39, 6, De mort. causa don., L. 13 (Jul.).
(2) D., De reb. cred., L. 11, § 2, in fine Ulp.).
(3) D., De reb. cred., L. 13 (Ulp.).
(4) De reb. cred.
(5) Eod., L. 19, § 1.

doute ; mais si en droit l'*accipiens* n'a pas été rendu propriétaire, en fait, aucun avantage de la propriété ne lui a manqué. Il a eu l'*usus* et l'*abusus* de la chose, et maintenant qu'il l'a consommée, il n'est plus exposé à la revendication ; ce sont tous les caractères de la propriété : on doit donc le considérer comme un propriétaire, et accorder la *condictio* à celui qui lui a procuré ces avantages.

47. Le propriétaire légitime a contre le prêteur les mêmes actions que nous lui avions accordées dans le cas d'usucapion. Ces actions varieront suivant le titre auquel le prêteur possédait avant d'avoir prêté.

48. Toutefois, il peut se faire que le prêteur lui-même ait cessé de posséder de bonne foi ; et alors, tant qu'au moyen de la *condictio*, il n'a pas recouvré la possession, le propriétaire primitif n'a aucun recours contre lui. Mais en sera-t-il de même après que, sinon la chose elle-même, du moins son équivalent, sera rentré entre ses mains ?

Bien que le prêteur ait recouvré la possession d'une chose qui remplace exactement la chose primitive (puisqu'il s'agit de choses fongibles), il ne nous paraît pas qu'on puisse accorder la revendication, même utile, au propriétaire originaire : il ne saurait dire, en désignant ce nouvel objet : *aio hanc rem esse meam*. Nous lui accorderons donc seulement une condiction fondée sur l'enrichissement indu du *tradens*, et mesurée sur cet enrichissement ; en d'autres termes, la condamnation ne pourra pas dépasser le montant du recouvrement que l'*accipiens* aura pu faire préalablement au moyen de la *condictio ex mutuo*.

49. Cette action fondée sur l'enrichissement, il nous semble qu'elle existe aussi au profit du propriétaire primitif contre l'emprunteur : celui-ci n'a aucun danger à craindre ; car s'il a déjà restitué la chose qu'il avait empruntée et consommée, l'enrichissement n'existe plus et l'action se trouve paralysée. On voit aussi que l'enrichissement ne pouvant se trouver à la fois chez l'*accipiens* et le *tradens*, on ne peut pas redouter que le propriétaire réclame deux fois sa chose.

50. Il nous reste à examiner ce qu'il adviendra d'une consommation partielle. Papinien a décidé que le prêteur aurait la condiction jusqu'à concurrence de la valeur consommée, et Ulpien

rapporte cette décision (1). C'était une question délicate avant la solution donnée par le jurisconsulte : il semble en effet que l'action ne soit donnée que sous la condition de la consommation. Or lorsqu'il n'y a qu'une personne en cause, l'accomplissement d'une condition ne peut pas être scindé : *quod uni sub conditione legatum est, scindi ex accidenti conditio non debet* (2). Mais Papinien n'a pas considéré que l'action ne prendrait naissance que sous la condition de la consommation ; il a pensé que toute fraction consommée serait regardée comme un *mutuum* à part, et pourrait être réclamée au moyen de la condiction.

51. 4° La chose a été consommée de mauvaise foi par l'emprunteur.

Il n'y a pas *reconciliatio mutui ;* le *tradens* n'a donc pas la *condictio ex mutuo :* c'est une proposition qui a besoin d'être démontrée, car dans un autre système, on a prétendu que, sans faire de différence entre la bonne et la mauvaise foi, il fallait attribuer toujours à la consommation le pouvoir *reconciliandi mutuum*.

52. En effet, dit-on, les textes ne distinguent pas, lisez plutôt : *Sed consumptis eis, nascitur condictio* (3). Et ailleurs : *Pupillus consumpta pecunia, condictionem habet* (4). Une seule loi paraît faire une distinction : *quod si, sine dolo malo consumpsisti condici tibi poterunt* (5). Mais si le jurisconsulte désigne spécialement la consommation de bonne foi, c'est qu'à ses yeux c'était le seul cas où quelque doute pût s'élever ; et la loi doit être entendue en ce sens, que, *même s'il y a eu consommation de bonne foi*, on pourra agir par la condiction. Quant à la consommation de mauvaise foi, il n'était pas besoin d'en parler autrement qu'en posant les principes généraux des lois 13 et 19. — N'est-il pas évident, en effet, qu'à plus forte raison celui qui est coupable doit-être contraint à la restitution, lorsque, s'il n'avait commis aucune faute, il serait encore passible de la condiction?

53. Nous repoussons cette doctrine ; elle nous paraît essentiel-

(1) D., De reb. cred., L. 13, § 1.
(2) D., 35, 1, De cond. et dem., 56, in fine (Jav.).
(3) D., De reb. cred., L. 13 (Ulp.).
(4) D., De reb. cred., L. 19, § 1 (Jul.).
(5) D., De reb. cred., L. 11, in fine.

lement contraire aux principes qui régissent la consommation de mauvaise foi et aux textes particuliers qui doivent être pris pour règle dans l'espèce, et voici comment. A notre avis, la consommation de mauvaise foi et la non-consommation mettent les parties dans des situations identiques ; consommer de mauvaise foi, ou ne pas consommer du tout, sont deux choses en droit complétement équivalentes. Si nous démontrons ce premier point, notre question aura fait un grand pas : en effet, nous avons refusé la *condictio ex mutuo* au *tradens* dans le cas de non-consommation, il faudra bien en faire autant dans l'hypothèse de consommation frauduleuse si nous avons démontré l'identité de position.

54. Pour arriver à ce résultat nous nous proposons de faire voir que dans les deux cas les actions qui appartiennent au légitime propriétaire sont les mêmes. Si les choses sont extantes, il a : 1° la revendication ; 2° l'action *ad exhibendum*. Si elles sont consommées de mauvaise foi, il a encore : 1° l'action *ad exhibendum* ; 2° la revendication.

La revendication est donnée au propriétaire contre un possesseur ; il nous faut démontrer qu'elle l'est aussi contre celui qui a cessé de posséder frauduleusement. On peut, au premier abord, nous reprocher de contredire le texte d'Ulpien, où nous lisons : *Vindicari nummi possunt, si exstant ; aut, si dolo malo desinant possideri, ad exhibendum agi* (1). C'est la leçon du manuscrit de Florence, et il semble en résulter que le choix n'est pas permis au propriétaire ; il revendiquera, si la chose existe ; il agira *ad exhibendum* si l'*accipiens* a cessé de la posséder de mauvaise foi.

Mais cette interprétation est réfutée par une foule de textes dans lesquels nous voyons que l'action *in rem*, établie contre celui qui possède, l'est aussi contre celui qui a cessé de posséder de mauvaise foi ; en d'autres termes, que la consommation frauduleuse est équivalente à la non-consommation. Parmi ces textes nombreux, nous n'en citerons que trois, mais ils nous paraissent concluants.

Qui dolo desierit possidere, pro possidente damnatur ; quia pro possessione dolus est (2).

Parem conditionem oportet esse ejus qui quid possideat, vel

(1) D., 12, 1, De reb. cred., 11, § 2.
(2) D., 50, 17, De reg. jur., 131 (Paul.).

habeat, atque ejus, cujus dolo malo factum sit, quo minus possideret, vel haberet (1).

Qui petitorio judicio utitur, ne frustra experiatur, requirere debet an is cum quo instituat actionem, possessor sit, vel dolo desiit possidere, qui in rem convenitur, etiam culpæ nomine condemnatur. culpæ autem reus est possessor, qui per insidiosa servum misit, si is periit, etc., etc. (2).

Ainsi, aucun doute ne peut s'élever sur ce premier point : que l'on possède encore ou que l'on ait cessé de posséder par fraude, le propriétaire a toujours la revendication.

En second lieu, il n'est pas moins certain que l'on peut agir *ad exhibendum* avant toute consommation, et alors que la chose existe encore en nature; nous lisons, en effet, à propos de l'action *ad exhibendum : Sciendum est adversus possessorem hac actione agendum* (3).

En présence de textes aussi formels, aussi conformes d'ailleurs au bon sens et aux principes généraux du droit, il ne nous paraît pas qu'on doive s'arrêter à la leçon du manuscrit de Florence rapportée plus haut. Un changement bien léger rétablirait l'accord entre les lois que nous avons citées, et nous proposons de lire, avec l'addition d'une particule et une modification dans la ponctuation : *vindicari nummi possunt, si exstant aut si dolo malo desinant possideri, et ad exhibendum agi.*

Le propriétaire a les mêmes actions dans les deux hypothèses; par conséquent, les situations sont identiques, et si la condition *ex mutuo* est refusée au *tradens* dans l'une, elle doit l'être dans l'autre aussi.

55. Mais nous avons dit que la doctrine que nous combattons n'était pas moins contraire aux textes particuliers qui régissent la matière.

En effet, le texte de la loi 11, *De reb. cred.*, dont nos adversaires font si bon marché, nous paraît formel : *Quod si sine dolo malo consumpsisti, condici poterunt.* N'y a-t-il pas là une distinction évidente ? Le jurisconsulte décide qu'il y a condiction dans

(1) D., 50, 17, De reg. jur., 150 (Ulp.).
(2) D., 6, 1, De rei vindic., L. 36, pr. et § 1 (Gaius).
(3) D., 10, 4, Ad exhib., L. 3, § 15 (Ulp.).

3

l'hypothèse de consommation de bonne foi ; il faut en conclure nécessairement que la consommation frauduleuse ne donne pas ouverture à la condiction. C'est le cas ou jamais d'appliquer la maxime : *Qui dicit de uno negat de altero.*

Il est vrai que les lois 13 et 19 ne distinguent pas, elles accordent la condiction dès qu'il y a eu consommation ; mais c'est qu'aux yeux des jurisconsultes il n'y a de véritable consommation que celle qui est faite de bonne foi.

En effet, celle-là seule met l'*accipiens* dans une situation identique à celle qu'il aurait eue, si le *mutuum* eût été valable, il est à l'abri des poursuites du propriétaire, il a joui de tous les avantages que lui aurait procurés un prêt véritable, et nous comprenons dès lors qu'il soit traité comme si le prêt eût été légalement constitué dès son origine : mais au contraire, si la consommation a été faite de mauvaise foi, les choses peuvent être revendiquées ; elles n'appartiennent pas à l'*accipiens* ; il n'y a pas plus *mutuum* après la consommation qu'il n'y en avait avant ; donc, la *condictio* ne peut pas être accordée au *tradens*.

Qu'on ne nous reproche pas de faire la position du coupable meilleure que celle de l'innocent : celui-ci est à l'abri de la revendication et de l'action *ad exhibendum*. Le premier, au contraire, poursuivi par ces actions auxquelles il ne peut satisfaire, sera condamné *quanti juraverit actor*.

56. D'ailleurs, le droit romain a souvent un correctif qui vient adoucir ses rigueurs. Si le *tradens* n'a pas la condiction *ex mutuo*, il nous semble qu'on ne peut lui refuser une action fondée sur l'enrichissement de l'*accipiens*. Toutefois, l'*accipiens*, se touvant ainsi à la merci et du légitime propriétaire et du *tradens*, pourrait exiger de celui-ci, dans le cas où les poursuites seraient antérieures à celles du propriétaire, une caution de le préserver contre la revendication, ou contre l'action *ad exhibendum*. Si au contraire, le propriétaire devance le *tradens*, il n'y a plus d'enrichissement, et par conséquent pas de *condictio* ; de sorte que l'*accipiens* ne payera pas deux fois.

57. Si le propriétaire poursuit directement le *tradens*, celui-ci pourra exiger qu'il lui cède ses actions contre l'*accipiens*.

Nous pensons n'avoir rien oublié dans l'étude du prêt de la

chose d'autrui ; il nous reste à examiner une dernière conséquence de ce grand principe, que le prêteur doit transférer la propriété à l'emprunteur.

§ 3. — Capacité du prêteur.

58. Tout propriétaire ne peut pas aliéner : il faut encore être capable : *accidit aliquando ut qui dominus set, alienure non possit* (1).

Nous avons à examiner à cet égard la position du pupille, du fou, du prodigue et de la femme.

59. Le pupille ne peut pas prêter sans autorisation de son tuteur (2).

S'il a prêté, il est resté propriétaire, et peut revendiquer les choses existantes.

Si la chose a été consommée de bonne foi, d'après l'opinion généralement admise, *reconciliatur mutuum* ; car nous lisons au Digeste : *consumpta pecunia condictionem habet* (3) et dans les Institutes : *sed si nummi bona fide consumpti sunt, condici possunt* (4).

Cette doctrine ne nous paraît pas exacte, et avec Noodt, nous combattons ici la maxime souvent fautive *consummatione mutuum fit.* En effet, les deux textes que nous venons de citer ne font que qualifier l'action du mineur pour être payé ; on lui accorde la condiction dans le cas de consommation de bonne foi, par opposition à l'action *ad exhibendum*, ou à la revendication qu'il aurait dans les autres hypothèses ; mais on ne dit pas que le vice du prêt soit purgé. Comment, en effet, cette circonstance de bonne foi pourrait-elle imposer au mineur un engagement qui ne peut résulter que d'un pacte valable?

A notre avis, la *condictio* accordée au pupille est fondée sur un enrichissement indu ; il n'y a pas *mutuum*, et par conséquent le mineur n'est pas lié par les époques fixées pour le remboursement.

Quant à la consommation de mauvaise foi, nous savons son in-

(1) Inst., 2, 8, Quib. al. lic., proœ.
(2) Inst., § 2, eod.
(3) D., De reb. cred., L. 19, § 1.
(4) Loc. cit.

fluence; elle laisse toutes choses dans le même état que si les objets prêtés existaient encore en nature ; le pupille aura par conséquent la revendication et l'action *ad exhibendum.*

60. La perte par cas fortuit n'est pas une consommation : pour qu'on puisse dire de l'*accipiens* qu'il a consommé, il faut qu'on puisse dire de lui *pecunia ed eum pervenit*, en définissant *perveniri* d'après Papinien. *Sicut pervenisse proprie illud dicitur, quod est* REMANSURUM (1). En effet, la consommation n'existe que lorsqu'elle a laissé des traces appréciables, qu'elle a produit un profit, ou été procurée par une faute : rien de tout cela ne se présente dans le cas de perte par force majeure.

Doit-on dire alors que l'emprunteur d'un pupille, débiteur d'un corps certain, est libéré, si la chose a péri fortuitement avant toute consommation ?

La rigueur des principes conduit forcément à l'affirmative : on ne connaissait pas en droit romain les nullités relatives. Sans doute, ce résultat est fâcheux, et nous comprenons les attaques d'Accurse à cet égard : il est étrange que le pupille, ordinairement protégé, soit dans une position pire que le majeur *sui juris*, lequel aurait la *condictio.* Mais il faut dire : *Dura lex, sed lex !*

Toutefois, si l'emprunteur avait moyen de savoir qu'il contractait avec un incapable, il est en faute, et nous pensons qu'on aurait contre lui une action de dol.

60 *bis.* Le prodigue et le fou ne peuvent rien aliéner : *nihil transferre possunt ad aliquem* (2). Ils sont donc incapables de faire un prêt : mais nous savons que les curateurs ont le droit de prêter les deniers du prodigue et du fou, pourvu qu'ils ne dépassent pas les limites d'une sage administration : *quatemus negotiorum exigit administratio.*

61. La femme *sui juris* et non mariée était, dans l'état primitif du droit, assimilée pendant toute sa vie à un pupille : *propter sexus infirmitatem et propter forensium rerum ignorantiam* (3). Soumise à une tutelle perpétuelle, elle ne pouvait prêter sans l'autorisation de son tuteur.

(1) D., 50, 16, De verb. sig., L. 71.
(2) D., 27, 10, De cur. fur, L. 10 (Ulp.).
(3) Ulp., reg. 11, § 1.

Il n'entre pas dans notre plan de développer les différents changements qu'a subis à cet égard la législation romaine ; nous ferons·
remarquer seulement que la position de la femme s'améliora·
promptement, et que bientôt, l'autorité du tuteur, déjà bien affai-
blie au temps de Cicéron (1), ne fut plus guère que nominale ;
lorsque la loi *Claudia* eut supprimé la tutelle des agnats. Tel était
l'état du droit au temps d'Ulpien : seules, les tutelles des ascen-
dants et des patrons avaient survécu. Sans qu'on trouve aucune
loi abrogative, la tutelle des femmes tomba peu à peu en désué-
tude, et il n'en est plus question sous Constantin.

62. Quant la femme mariée, si elle était *in manu mariti*, elle
n'avait pas plus de capacité qu'une fille de famille. Dans le cas contraire, et si elle n'était pas d'ailleurs restée en puissance paternelle,
elle avait la même capacité que la femme *sui juris*, non mariée.

63. Nous avons passé en revue toutes les conséquences de la
règle fondamentale : le préteur doit transférer la propriété à l'emprunteur. Nous devons maintenant examiner les autres conditions
essentielles à la validité du *mutuum*.

ARTICLE III.

INCAPACITÉS RELATIVES DE PRÊTER.

64. On avait pris en effet des précautions minutieuses contre les
exactions des magistrats envoyés dans les provinces. Les constitutions leur défendaient de rien acquérir dans le pays soumis à leur
autorité ; ils ne pouvaient acheter ni des fonds de terre (2), ni même
des objets mobiliers (3) : on craignait que, sous l'apparence d'un
achat, ils ne cachassent des donations qu'il eût été difficile de leur
refuser. Ils ne pouvaient construire ni maison (4) ni navire (5),
parce que rien n'assurait qu'ils eussent payé les matériaux ; le mariage leur était interdit avec les femmes de la province (6), parce
qu'ils auraient pu s'emparer, au moyen d'un divorce imposé, des.

(1) Voy. Cic., pro Mur., C. 12, n° 27.
(2) D., 18, 1, De contr. emp., L. 62 (Mod.).
(3) D., eod., L. 46 (Marc.).
(4) C., 1, 53, De contr. jud. vel., Lex un. (Just.).
(5) D., 49, 14, De jure fisci, L. 46, § 2 (Herm.).
(6) D., 23, 2, De ritu nupt., L. 38 (Paul.).

femmes de leurs administrés, et surtout de leurs dots. Enfin, et c'est seulement sur cette prohibition que nous devons nous arrêter d'une façon particulière, *principalibus constitutionibus cavetur nehi qui provinciam regunt, quive circa eos sunt, negotientur, mutuamve pecuniam dent fœnus ve exerceant* (1).

Non-seulement le prêt à intérêts leur est interdit, mais ils ne peuvent même donner simplement en *mutuum*, parce qu'ils auraient trop de facilité pour déguiser leurs exactions sous les dehors d'un prêt dont ils réclameraient le remboursement. Bien qu'il ne puisse y avoir prêt à intérêt, *fœnus*, sans *mutuum*, la loi a voulu qu'aucun doute ne pût s'élever sur les défenses qu'elle fait, et à la prohibition du *mutuum*, elle a soin d'ajouter celle du *fœnus*. Cette addition, d'ailleurs, n'est pas inutile, et sert à prévenir une fraude que l'on n'aurait pas manqué d'employer. Un tiers aurait prêté de l'argent en son propre nom sous cette condition, que les intérêts fussent payés au magistrat; si la loi n'eût pas été aussi explicite, le prêt à intérêt eût été possible sans qu'il y eût violation de la règle : *ne mutuam pecuniam dent*, car ce n'est pas le magistrat qui a fait le *mutuum*; tandis que touchant les intérêts, il est censé avoir prêté lui-même à intérêts, ce qui est explicitement défendu par la loi.

65. Le texte que nous étudions ne définit pas suffisamment les personnes sur lesquelles porte la prohibition : *qui provinciam regunt, quive circa eos sunt*, dit simplement la loi. Nous remarquerons d'abord qu'il ne s'agit ici que des fonctionnaires à temps ou amovibles; l'incapacité dont il s'agit n'ayant pas été étendue aux charges perpétuelles (2) : aussi la plupart des constitutions qui interdisent certains actes aux magistrats, les désignent-elles sous le nom de *magistratus populi romani*; or les fonctions des *magistratus populi romani* étaient toujours temporaires, et le plus souvent annales.

66. Parmi les incapables, nous rangerons, en premier lieu, le gouverneur, premier magistrat de la province, *præses provinciæ*, nom générique qui doit s'entendre aussi bien du proconsul que du lieutenant de César (3).

(1) D., De reb. cred., L. 33 (Mod.).

(2) D., 12, 1, De reb. cred., L. 34 (Paul.).

(3) D., 1, 8, De off. præsc., L. 1 (Macer.). — Le proconsul gouvernait les provinces du peuple romain. Le *Legatus Cæsaris* gouvernait les provinces de l'empereur.

67. Mais la prohibition s'étend plus loin ; il suffit, pour ne pouvoir prêter, d'être investi d'une charge publique quelconque : *ipse proconsul, vel qui* IN ALIO *officio erit* (1), charges dont nous trouvons ailleurs l'énumération : *quis in magistratu, potestate, curatione, legatione, vel quo alio officio, munere, ministeriove publico* (2).

68. Remarquons que dans tout ce qui précède, il n'est question que des magistrats provinciaux : pour les fonctions dont le siége est dans la capitale, il existe une constitution spéciale (3) de Justinien, qui contient les mêmes défenses, mais avec quelques adoucissements : il suffit, en effet, d'une autorisation spéciale de l'empereur pour que les contrats soient valables.

69. Nous ne nous sommes encore occupés que des magistrats eux-mêmes, et la loi ajoute : *quive circa eos sunt.* Il faut entendre par là deux classes d'individus : 1° les gens de la suite, de la domesticité des fonctionnaires; 2° leurs conseillers : les mots *qui circa eos sunt*, sont en effet commentés par Justinien par les mots *ad domesticos et consiliarios* (4) *eorum.* Parmi les gens de la suite, nous rangerons ceux qu'on appelait *comites magistratuum*, et aussi la femme, les enfants, les affranchis, et tous ceux qui remplissent un emploi quelconque dans la famille; car les magistrats judiciaires étaient incompétents à leur égard, et nous pouvons raisonner par analogie : *qui juridictioni præest, neque sibi jus dicere debet, neque uxori, vel liberis suis, neque libertis, vel cæteris quos secum habet* (5). On redoute, en effet, les interpositions de personnes.

Quant aux *consiliarii*, on sait que ce sont les assesseurs des magistrats (6).

70. Il nous reste à examiner quel serait le châtiment des magistrats qui auraient contrevenu à l'une de ces prohibitions. Nous laisserons de côté les peines portées contre les concussionnaires : un titre spécial au Digeste leur est consacré (7). Nous ne ferons

(1) D., 1, 16, De off. proc., L. 6, § 3, in fine (Ulp.).
(2) D., 48, 11, De leg. Jul. repet., L. 1 (Marcia).
(3) C., 1, 53, De const. jud. vel cor. (Just.).
(4) C., loc. cit., § 3, Lex un.
(5) D., 2, 1, De jurisd., L. 10 (Ulp.).
(6) D., 1, 22, De off. adsess.
(7) D., 48, 11, De leg Julia repetund.

aussi que mentionner en passant l'amende encourue par le magistrat qui a acheté, au mépris des prohibitions de la loi (1), et la ca-
ducité du mariage et des conventions matrimoniales intervenus
entre un magistrat et une femme de sa province (2) : nous arrive-
rons immédiatement à l'objet principal de cette étude, et nous rechercherons les effets d'un *mutuum* fait par un magistrat dans les
circonstances rapportées plus haut.

71. Le contrat est absolument nul; l'emprunteur n'est par
conséquent tenu à aucune obligation vis-à-vis du prêteur, et tout
se passe comme s'il n'était intervenu ni convention ni tradition,
à ce point que le serment lui-même ne donnerait pas d'existence
à un acte formellement réprouvé par la loi. Si donc l'argent a été
réellement livré par le magistrat, il est perdu pour lui, et ne lui
sera pas remboursé; mais l'emprunteur devra-t-il bénéficier de la
faute d'autrui? Nous ne le pensons pas, et en l'absence de textes
formels à cet égard, nous assimilerons l'emprunteur au citoyen
qui a vendu un objet quelconque à un magistrat de sa province :
cette hypothèse a été prévue par le jurisconsulte Hermogenia-
nus (3), qui décide que le vendeur peut revendiquer la chose,
mais que si le prix a été payé, il ne peut conserver à la fois la
chose et le prix, et doit payer l'estimation au fisc : nous dirons de
même ici que l'emprunteur remboursera au trésor public le montant du *mutuum*, au lieu de payer entre les mains du magistrat.

72. Mais il peut se faire que les deniers n'aient pas été réellement livrés à l'emprunteur, bien que celui-ci ait reconnu la tradition, parce que le magistrat a voulu cacher sous les apparences
d'un *mutuum*, un don prohibé, ou le produit de ses exactions :
c'est entre le fisc et l'emprunteur qu'aura lieu le débat. Dans les
deux ans à partir de l'acte frauduleux l'emprunteur répondra par
l'exception *non numeratæ pecuniæ* à la demande du fisc, qui devra
faire la preuve d'une tradition effective : *compellitur petitor pro-
bare pecuniam tibi esse numeratam* (4). Après le délai de deux

(1) D., 49, 14, De jure fisci, L. 46, § 2 (Hermog.). — C., 2, 20, De his quæ vi
metuve, 11 (Const.).

(2) D., 23, 2, De ritu nupt., L. 63 (Papin.).—D., 24, 1, De don. int. vir. et ux.,
L. 3, § 1 (Ulp.).

(3) D., 49, 14, De jure fisci, L. 46, § 2.

(4) C., 4, 30, De non num. pec., L. 3 (Sev. et Ant.).

ans (1) , ce serait au défendeur qu'incomberait le fardeau de la preuve, et s'il parvenait à démontrer que la numération n'a pas eu lieu, il ne devrait rien payer au fisc. Nous savons cependant qu'en règle générale (2), la déchéance de l'exception *non numeratæ pecuniæ* rendait toute leur force aux preuves que le préteur s'était ménagées, et que le défendeur n'avait plus le droit de prétendre que l'argent n'avait pas été compté : *sin vero legitimum tempus excessit.... omnimodo debitum solvere compelletur* (3). Mais nous ne pensons pas qu'il en soit ainsi dans une convention dont la loi annule formellement toutes les conséquences. Il est d'ordre public que les fautes des magistrats soient mises au grand jour : or, si le prêt était déjà un acte répréhensible, combien n'est-il pas plus odieux, lorsqu'il n'est qu'un moyen d'*exactions* et de rapines? — Le citoyen timide qui a consenti à ces manœuvres doit conserver en tout temps le droit de les dévoiler.

D'ailleurs, Justinien fournit lui-même au débiteur un moyen de rendre son exception perpétuelle, en la dénonçant dans le délai fixé, avec certaines formes (4).

ARTICLE IV.

CAPACITÉ DE L'EMPRUNTEUR.

73. L'emprunteur doit être capable de s'obliger.

Si donc un pupille contractait un emprunt, il n'y aurait pas *mutuum*, pas d'obligation; sans doute le pupille devra rendre tout l'argent qu'il n'a point perdu ou follement dépensé, mais c'est en vertu de ce principe, que personne ne doit s'enrichir au détriment d'autrui : *jure naturæ æquum est neminem cum alterius detrimento et injuriis fieri locupletiorem* (5).

74. Alors même que l'autorisation du tuteur serait intervenue dans le contrat, il faudrait quelque chose de plus pour que le pupille fût obligé à une restitution : il n'a pas qualité pour donner

(1) Le délai était de cinq ans avant Justinien (Cod. eod., L. 14, Just.).
(2) C'est du moins l'opinion de Vinnius. — Voët est d'un avis contraire.
(3) C., eod., L. 8 (Alex.).
(4) C., eod., L. 14, § 4 (Just.).
(5) D., 50, 17, De reg. jur., L. 206 (Pompon.).

mandat à son tuteur d'emprunter en son nom ; et si le tuteur a reçu un *mutuum* au nom du mineur, il restera personnellement obligé, tant qu'il n'aura pas prouvé que l'argent ainsi obtenu a tourné au profit du pupille : *si in rem minoris pecunia profecta sit, quæ tutori ejus nomine minoris mutuo data est, merito personalis in eumdem minorem actio danda est* (1).

75. En effet, nous assimilons le pupille aux cités qui contractent un emprunt par l'entremise de leurs administrateurs, et qui ne sont obligées que si les deniers prêtés ont été employés à leur profit. A défaut de cette condition, les administrateurs restent personnellement obligés à la restitution (2). Toutefois, nous devons remarquer que Doneau (3), d'accord avec Bartole, pense qu'une cité peut être obligée absolument comme un simple particulier, lorsqu'elle a donné mandat spécial d'emprunter à une personne déterminée.

76. Nous n'insisterons pas d'avantage sur des détails qui ne touchent qu'indirectement à l'objet de ce travail : en effet, dans les deux exemples qui viennent de nous occuper, il y a *mutuum*, il y a contrat formé entre personnes capables, et toute la difficulté consiste à savoir, non pas s'il y a obligation, mais quel est l'obligé, le pupille ou le tuteur, la ville ou l'administrateur.

77. Le pupille, capable d'acquérir, ne l'est pas de s'obliger sans autorisation. Si donc il a emprunté, il acquiert la propriété de l'objet prêté sans contracter l'obligation de le restituer.

Toutefois, nul ne peut s'enrichir aux dépens d'autrui, et le pupille sera tenu d'indemniser son prêteur jusqu'à concurrence de son propre enrichissement.

De ce principe d'équité, découle une conséquence pour le moins étrange. L'action dont est tenu le pupille n'étant pas fondée sur le *mutuum*, puisqu'il n'y en a pas, mais ayant pour cause l'enrichissement de l'emprunteur, ne prendra pas naissance si cet enrichissement n'existe pas : de telle sorte que le pupille qui a consacré les sommes empruntées à de folles dépenses, n'aura rien à restituer : le prêteur payera les plaisirs du mineur !

(1) C., 5, 39, Quando ex fact. tut. vel cur., 3 (Gord.).
(2) D., 12, 1, De reb. cred., L. 27 (Ulp.).
(3) De reb. cred., ad leg. 27, n° 3.

Et au contraire, le pupille qui, plus sage que son âge, a utile·
ment employé les deniers empruntés, devra compte de ses profits
au prêteur.

On peut dire, pour atténuer ce qu'a de choquant un pareil résultat, que le prêteur est puni du mauvais service qu'il a rendu.

78. *Sénatus-consulte macédonien.* — En droit romain, le mineur n'est pas seul incapable : nous devons encore parler à cet
égard des fils de famille.

79. Une disposition législative fameuse, le sénatus-consulte
macédonien, est venue réglementer et généraliser une doctrine
antérieurement admise, au témoignage de Tacite (1), par les jurisconsultes qui voulaient mettre un frein aux passions de la jeunesse
romaine.

80. Il ne sera pas hors de propos, pour bien comprendre, la
portée du sénatus-consulte, de faire connaître en peu de mots
quelle est en général la valeur des contrats passés avec des personnes soumises à la puissance paternelle.

Le fils de famille s'oblige civilement comme un individu *sui juris*,
et il peut être personnellement poursuivi : *filiusfamilias ex omnibus causis tanquam paterfamilias obligatur, et ob id agi cum eo
tanquam cum patrefamilias potest* (2); de sorte que le créancier a,
pour ainsi dire, deux débiteurs, le fils pour la totalité, le père jusqu'à concurrence du pécule : *si quis cum filiofamilias contraxerit,
duos habet debitores, filium in solidum, et patrem duntaxat de
peculio* (3); et quand même le père de famille aurait retiré à son
fils l'administration de son pécule, le créancier n'en pourrait pas
moins agir contre le fils lui-même : *ideoque, si pater filio pecu-
lium ademisset, nihilominus creditores cum filio agere possunt* (4).
Sans doute, l'action est sans utilité actuelle contre le fils de famille, tant que celui-ci se trouve soumis à la puissance paternelle,
et elle ne pourrait avoir prise que sur les biens à l'égard desquels
le fils a l'indépendance d'une personne *sui juris*, nous voulons dire
à l'égard des pécules *castrans* et *quasi-castrans* : mais l'obligation,

(1) Tac., Annales, L. 2, ch. 13.
(2) D., 44, 7, De oblig. et act., L. 39 (Gaius).
(3) D., 15, 1, De pecul., 44 (Ulp.).
(4) D., 15, 1, De pecul., 45 (Paul.).

pour être actuellement inefficace, n'en existe pas moins, et elle produira tous ses effets dès que le lien de la puissance paternelle aura été rompu (1).

· 81. Ces préliminaires établis, on voit que les usuriers avaient encore de puissantes garanties, même lorsqu'ils fournissaient aux plaisirs des fils de famille privés de pécules *castrans* ou *quasi-castrans*. Le père, tant qu'il vivait, était tenu jusqu'à concurrence du pécule profectice. Le fils, après la mort de son père, se trouvait obligé absolument comme s'il avait contracté en pleine capacité. Mais les usuriers prêtaient ainsi, *incertis nominibus* (2), c'est-à-dire qu'il était incertain si le fils survivrait à son père; son prédécès était le seul danger à courir, et l'on avait assez peu de confiance dans les usuriers pour craindre qu'ils n'aidassent le hasard et n'assurassent, au prix d'un crime, la survie de leur débiteur.

Le débiteur lui-même pouvait augmenter son crédit en attentant à la vie de son père (3). De tels dangers, qui prouvent assez la corruption romaine, effrayèrent le sénat, et lui dictèrent un sénatus-consulte qui prit le nom, soit d'un débauché fameux, *Macedo*, soit plutôt d'un usurier que ses rapines avaient rendu célèbre. On n'est pas d'accord sur la date de cette disposition législative. D'après Tacite (4), elle fut rendue sous le règne de Claude; d'après Suétone (5), sous celui de Vespasien. Pothier (6) pense qu'elle prit naissance sous le règne de Claude, et a été renouvelée sous Vespasien.

82. Quoi qu'il en soit de sa date, le sénatus-consulte macédonien dispose que celui qui a prêté en *mutuum* à un fils de famille est privé de toute action contre le père, *de peculio*, et *in solidum* contre le fils lui-même devenu *sui juris*.

(1) Le fils ne serait tenu que *quatenus facere potest*, si, par suite d'un événement quelconque, il n'était pas héritier de son auteur. C'est ce qu'on appelle le *bénéfice de compétence*.

(2) D., 14, 6, De sen. Mac., L. 1 (Ulp.).

(3) Inst., 4, 7, Quod cum eo contr., § 7.

Tel est le motif généralement donné; nous avouons ne l'avoir jamais bien compris. Le fils de famille a au contraire intérêt à la vie de son père, puisque, lui vivant, l'action du créancier est paralysée à l'égard du fils.

(4) Ann., 11, 13.

(5) Vesp., 11.

(6) Pand., 14, 6, 1.

83. L'incapacité du fils de famille, relativement aux emprunts, a ceci de particulier que le contrat n'est pas annulé, mais que l'action est déniée au créancier, s'il est constant que l'on se trouve dans un cas d'application du sénatus-consulte. Si au contraire l'application est douteuse, une exception est accordée au débiteur. En effet, il ne suffit pas que le prêt soit fait à un fils de famille pour qu'il y ait lieu d'appliquer le sénatus-consulte macédonien. Plusieurs circonstances, développées au Digeste, peuvent se présenter dans lesquelles, suivant l'expression des jurisconsultes, *cessat senatus-consultum;* ces circonstances réclament un examen que le magistrat ne peut pas faire *in jure;* le préteur accorde donc l'action comme si le *mutuum* était parfaitement régulier, et réserve le cas où les faits rentreraient dans l'hypothèse prévue par le sénatus-consulte.

83 *bis.* Pour que l'action soit déniée au préteur, il faut que l'objet du *mutuum* soit de l'argent monnayé, *pecunia,* dans le sens restreint de ce mot; de sorte que le prêt de tout autre objet de consommation serait valable, et donnerait lieu à l'action *de peculio* contre le père, et à la *condictio* ordinaire contre le fils devenu *sui juris;* à moins toutefois que le *mutuum* ainsi contracté n'eût pour objet de dissimuler un véritable prêt d'argent, et d'échapper aux sévérités de la loi (1).

Le *mutuum* seul est défendu; tout autre contrat serait valable, pourvu qu'il ne fût pas un *mutuum* déguisé (2).

84. Ici, comme dans tous les cas, on doit prendre le mot *fliusfamilias* dans le sens le plus large, par conséquent ne distinguer ni le sexe ni le degré (3).

85. Il faut que l'emprunteur soit fils de famille au temps du *mutuum* pour que le sénatus-consulte macédonien soit applicable; mais il suffirait que cette position existât en fait, bien qu'elle fût attaquable en droit; ce qui arrive lorsqu'un adrogé a fait rescinder l'adrogation après avoir emprunté : le prêt ne serait pas validé (4).

(1) D., 14, 6, De sen. Mac., L. 7, § 5 (Ulp.).
(2) D., 14, 6, De sen. Mac., L. 3, § 3 (Ulp.).
(3) D., 14, 6, De sen. Mac., L. 11 (Julianus).
(4) D., 14, 6, De sen. Mac., 1, § 2 (Ulp.).

86. Si le père de l'emprunteur est prisonnier chez l'ennemi, le sort du *mutuum* reste en suspens, jusqu'au retour ou jusqu'à la mort du prisonnier. Dans le premier cas, il y a lieu d'appliquer le sénatus-consulte macédonien; dans le second, le père est censé être mort dès le moment de sa captivité, et par conséquent l'emprunteur avoir été *sui juris* et capable lorsqu'il a contracté (1).

87. Tant que les dignités et les charges n'eurent pas d'influence sur les liens de la puissance paternelle, elles n'empêchèrent pas non plus qu'un fils de famille, même consul, fût incapable d'emprunter (2). Plus tard, les fonctions élevées de l'empire affranchirent les dignitaires et les rendirent *sui juris*, du vivant même du père de famille : bien que cette innovation ait été introduite dans un but évident de faveur, nous n'hésitons pas à décider qu'il faut en admettre les conséquences, lors même qu'elles sont défavorables, et nous pensons que le fonctionnaire, en pareille circonstance, était capable d'emprunter, et ne pouvait pas invoquer les dispositions du sénatus-consulte.

88. Au mineur lui-même, l'emprunteur fils de famille pourrait opposer l'exception; toutefois, la faveur de l'âge l'emporte ici, et *causa cognita*, la restitution peut être ordonnée par le magistrat (3).

89. Le sénatus-consulte peut ne pas recevoir son application, quand même toutes ces conditions seraient remplies.

Ainsi, nous avons déjà remarqué que le fils de famille est considéré comme entièrement capable à l'égard des pécules *castrans* et *quasi-castrans*, et peut être poursuivi sur leurs valeurs comme s'il était *sui juris*; le chef de famille sera à cet égard à l'abri des poursuites du créancier.

90. Au contraire, on pourra agir contre le père qui a ordonné le prêt fait à son fils, ou qui l'a ratifié, ou qui l'a connu sans s'y être opposé; le père n'aura pas alors pour se défendre l'exception du sénatus-consulte (4). Il en sera ainsi dans le cas où le chef de

(1) D., 14, 6, De sen. Mac., L. 1, § 1 (Ulp.).
(2) D., 14, 6, De sen. Mac., L. 1, § 3.
(3) D., 4, 4, De min. 28, an., L. 11, § 7 (Ulp.).
(4) D., 14, 6, De sen. Mac., L. 12 (Paul.)

famille a préposé son fils à un négoce : mais si le préposant était un étranger, le créancier aurait contre celui-ci l'*actio institoria utilis*, tandis qu'il serait repoussé par le fils de famille et par son père s'il les actionnait (1).

91. On pourrait encore agir contre le père lorsque l'argent a été employé, dès l'origine, à son usage ; par exemple, s'il a servi à doter une fille ou une petite-fille (la sœur, ou même la fille de l'emprunteur) : le créancier, intentant l'action *de in rem verso*, ne serait pas repoussé par l'exception du sénatus-consulte (2). Il n'en serait pas de même si le profit que l'emprunt a apporté au père de famille n'était pas immédiat, si, par exemple, l'argent se retrouvait encore en nature dans le pécule profectice (3).

92. Le patron, en fraude duquel un affranchi a prêté à un fils famille, n'est pas repoussé par l'exception du sénatus-consulte lorsqu'il réclame le remboursement : *senatus-consultum locum non habet* (4). Aussi, comme cet acte ne lui porte aucun préjudice, n'a-t-il pas besoin d'en demander la rescision par l'une des deux actions *Faviana* ou *Calvisiana* qui lui sont en général accordées (5). Et nous lisons à cet égard *cessat Faviana* (6).

93. Si l'emprunteur devenu *sui juris* ou si son père a payé, sans exciper du sénatus-consulte macédonien, ils ne pourront pas répéter, en prétendant qu'il y a payement de l'indu, car ils ont acquitté une obligation naturelle. Si même le payement a été partiel, sans qu'aucune réserve ait été faite quant au reste de la dette, on le considérerait comme une ratification pour le tout, et non-seulement l'emprunteur ne pourrait pas répéter la part qu'il a versée, mais il serait obligé de rembourser le surplus (7).

94. Au contraire, si le fils a acquitté sa dette pendant qu'il était

(1) D., 14, 6, De sen. Mac., L. 7, § 11 (Ulp.).

(2) D., 14, 6, De sen. Mac., L. 17 (Paul.).

(3) Ne peut-on pas cependant dire que le père s'est enrichi, lorsqu'il a gardé ou retenu le pécule qui contient le prêt ?

(4) D., 38, 5, Si quis in fraud. patr., L. 7 (Scævola).

(5) D., eod. tit., *Faviana*, si l'affranchi est mort avec un testament; *Calvisiana*, s'il est mort intestat.

(6) D., eod. tit., L. 7.

(7) C'est l'opinion de Voët, qui argumente des lois 7, §§ 15 et 16, hoc tit., et de la loi 4 au Code, De non num. pec.

encore soumis à la puissance paternelle, la répétition appartient au père de famille, qui peut revendiquer les deniers existant encore en nature, et les répéter par la condiction s'ils ont été consommés. Cette faculté lui sera-t-elle accordée, alors même que la consommation aura été faite de bonne foi ? Julien, dont l'opinion est rapportée par Ulpien, semble le décider lorsqu'il dit : *et ideo si solverit, condictionem patri* EX OMNI EVENTU *competere* (1).

95. L'exception du sénatus-consulte est d'ordre public, et le fils renoncerait vainement à la faire valoir, car elle a été admise en haine des usuriers bien plutôt que par faveur pour les emprunteurs (2). Le fils ne peut pas nuire aux droits de son père par cette renonciation, fût-elle tacite et manifestée par la délégation qu'il a laissé faire de sa dette au créancier de son prêteur. Cette délégation constitue une novation, c'est-à-dire qu'il y a eu accomplissement par le fils d'une obligation naturelle ; on agira donc absolument comme s'il y avait eu payement effectué par le fils pendant l'existence de la puissance paternelle : les droits du fils sont paralysés, mais le père peut revendiquer, ou agir par la condiction, ou repousser l'action du délégataire par l'exception du sénatus-consulte, suivant les circonstances.

ARTICLE V.
INCAPACITÉS RELATIVES D'EMPRUNTER.

96. Nous n'avons vu jusqu'ici que des incapacités générales d'emprunter : les constitutions impériales, comme elles avaient prohibé à certaines personnes le prêt, n'ont-elles pas des dispositions semblables pour l'emprunt ?

Nous n'en avons trouvé qu'un seul exemple : il est interdit aux juges d'emprunter aux personnes qui ont un procès actuellement soumis à leur décision : le prêteur et l'emprunteur pourraient même être condamnés à l'exil (3). On craint, en effet, que sous

_____

. (1) D., 14, 6, De sen. Mac., L. 9, § 1, in fine (Ulp.). Mais voyez D., 12, 1, De reb. cred., L. 14, où Ulpien, rapportant l'opinion de Marcellus, décide qu'il n'y a jamais répétition quand les deniers ont été consommés.

(2) D., 12, 6, De cond. indeb., L. 14 (Macianus).

. (3) C., 4, 2, Si cert. pet., 16 (Honor. et Theod.).

l'apparence d'un prêt, les plaideurs ne cherchent, par une donation, à s'assurer la bienveillance du juge.

ARTICLE VI.
DU CONCOURS DE VOLONTÉ.

97. Si le *mutuum* est un contrat réel, il n'est pas moins nécessaire, comme en tout autre contrat, qu'il y ait concours de volontés des parties contractantes : qu'adviendra-t-il donc si les parties ne se sont pas entendues sur la nature du contrat qu'elles voulaient faire?

98. Pour qu'il y ait *mutuum*, il faut que le prêteur ait voulu prêter, que l'emprunteur ait voulu emprunter; cela paraît évident, et cependant nous allons rencontrer dans l'examen de cette question les difficultés les plus sérieuses.

Afin d'en faciliter l'étude, nous aurons soin d'examiner séparément chacune des hypothèses dans lesquelles a pu se manifester le dissentiment des parties. Nous commencerons à cet égard par le cas le plus facile et le plus simple : il y a eu désaccord complet de volontés entre les contractants, dont l'un voulait faire un *mutuum*, l'autre un *commodat* ou un dépôt.

99. Avant d'entrer dans les détails, nous pouvons immédiatement donner une solution générale, qui s'applique à tous les cas où s'est présenté ce complet dissentiment; que l'*accipiens* ait cru recevoir un *mutuum*, le *tradens* croyant faire un dépôt, ou inversement, que le *tradens* se croie prêteur, l'*accipiens* croyant être dépositaire, nous trouvons toujours une solution identique; tant qu'il n'y a pas consommation, il n'y a ni prêt ni dépôt : *nec depositum nec mutuum est* (1). La propriété n'a pas été transférée, et le *tradens* qui n'a pas perdu la qualité de propriétaire peut revendiquer.

100. Mais il faut distinguer soigneusement les rôles que croit jouer chacune des deux parties contractantes, lorsque l'*accipiens* a consommé les objets qu'il a reçus. C'est ce que nous allons faire dans les numéros suivants.

101. 1° Le *tradens* a voulu déposer; l'*accipiens* a cru emprunter, et il a consommé.

(1) D., De reb. cred., L. 18, § 1 (Ulp.).

C'est l'espèce prévue par Ulpien dans la loi 18, il accorde la *condictio*, sans que le *tradens* ait à craindre d'être repoussé par l'exception de dol : nous admettons ce résultat sans hésitation, et nous pensons que la condiction dont il s'agit est une condiction *ex mutuo;* en d'autres termes, que *consummatione reconciliatur mutuum.*

En effet, l'exception de dol dont parle le jurisconsulte n'est pas à craindre : ce serait plutôt l'*accipiens* qui serait de mauvaise foi s'il refusait une restitution sur la nécessité de laquelle il a compté dès l'origine du contrat. D'un autre côté, si le *tradens* a incontestablement le droit d'exiger un remboursement, ce ne peut être par la voie de la revendication ou de l'action *ad exhibendum,* puisque l'*accipiens* a cessé de posséder de bonne foi. Il est établi par là que le seul moyen de recours ouvert au *tradens* est la condiction : or ce ne peut être que la *condictio ex mutuo.* Toute autre action personnelle, en effet, serait mesurée sur l'enrichissement de l'*accipiens;* celui-ci, qui a compté sur un *mutuum* sans se préoccuper peut-être du profit qu'il en retirerait, n'aurait qu'à dissiper les deniers livrés, pour paralyser l'action du *tradens*, et ce serait un résultat essentiellement inique que de voir un déposant, ou du moins un individu qui croit avoir cette qualité, éprouver un préjudice par le fait d'un emprunteur, qui a toujours su qu'il serait contraint à une restitution intégrale. Aucun doute ne peut donc s'élever sur ce premier point.

102. 2° Le *tradens* a cru faire un *mutuum;* l'*accipiens* a pensé être dépositaire, et cependant il a consommé.

C'est l'hypothèse inverse; elle n'est prévue ni par les jurisconsultes du Digeste, ni par les commentateurs : nous ne pensons pas qu'il y ait *reconciliatio mutui.* La mauvaise foi de l'*accipiens,* qui se croyant dépositaire, n'en a pas moins consommé, est incontestable, et il nous semble que c'est le cas d'appliquer les principes plusieurs fois répétés de la revendication, ou tout au moins de l'action *ad exhibendum.*

Nous allons, il est vrai, rencontrer une objection grave à cette doctrine, dans une espèce prévue par Ulpien; mais nous espérons pouvoir en faire justice.

103. 3° Le *tradens* a voulu faire un commodat, et l'*accipiens*, qui a consommé, a cru recevoir à titre de *mutuum*.

Nous ne mentionnons cette espèce que pour mémoire; elle est identique à la première, et nous pourrions répéter ici tout ce que nous avons dit au n° 101.

104. 4° Le *tradens* a voulu prêter à *mutuum*, l'*accipiens* a cru être simplement commodataire, et cependant il a consommé.

L'espèce est prévue par Ulpien, toujours dans la même loi, et il donne une solution singulière. En effet, traitant à la fois de l'hypo-thèse où le *tradens* a cru faire un dépôt, l'*accipiens* pensant rece-voir un *mutuum*, et de notre cas actuel, où l'*accipiens* se croit commodataire, il donne, *dans les deux cas*, la même action : IN UTROQUE CASU, *consumptis nummis, condictioni sine doli exceptione locus erit.*

Et cependant, les situations ne sont-elles pas bien différentes? Dans le premier cas, l'*accipiens* est de bonne foi; il croyait recevoir un *mutuum;* et dans le second, c'est un commodataire qui con-somme la chose qu'il est tenu de conserver et de rendre en nature!

105. Nous insistons sur cette solution, et nous tenons à bien en préciser la portée; en effet, elle paraît être, au premier abord, la contradiction de tout un système, qui nous a cependant paru être le véritable, puisqu'elle tendrait à faire croire qu'il y a *reconciliatio mutui*, même dans l'hypothèse de consommation de mauvaise foi; en outre, elle serait un obstacle presque insurmontable à la doc-trine que nous avons exposée au n° 102 : le dépositaire qui con-somme ne doit-il pas être traité comme le commodataire? et par conséquent n'est-ce pas simplement la *condic...* qu'il faut accorder au *tradens?*

106. Non! il y a une grande différence entre un dépositaire in-fidèle et un commodataire qui consomme la chose prêtée. Le pre-mier commet un vol; le second, dès qu'il *a des raisons de croire* que le prêteur lui permettrait la consommation, n'est pas cou-pable : *si permissurum credant, extra crimen videri; quia furtum sine affectu furandi non committitur* (1).

Dans notre espèce, l'*accipiens* n'a-t-il pas eu de bonnes raisons

(1) Gaius, III, 197.

de croire à cette permission, puisqu'elle était accordée dans l'intention du *tradens?* Ce n'est réellement pas une consommation de mauvaise foi; c'est peut-être une légère indiscrétion; on s'est passé d'une permission qu'on savait pouvoir obtenir, mais il y a loin de à la violation du dépôt.

Notre doctrine reste donc entière, et pour la *reconciliatio mutui* en général, et pour le cas particulier du n° 102.

107. Nous avons examiné toutes les hypothèses dans lesquelles le désaccord des parties est complet. Il nous reste à voir le cas le plus difficile, qui a soulevé les plus grandes difficultés et les plus longues controverses : le dissentiment des parties contractantes n'a porté que sur la cause du contrait; mais il y avait accord de volontés sur un point capital, la translation de propriété : soit une donation d'une part, et un *mutuum* de l'autre. Ici encore, nous examinerons séparément l'hypothèse de consommation et de non-consommation.

108. Le *tradens* veut faire une donation ; l'*accipiens* croit recevoir un *mutuum*.

Deux lois célèbres, l'une que nous avons déjà rencontrée (L. 18, *De reb. cred.*, Ulp.), l'autre au titre *De adquirendo rerum dominio* (1), de Julien, ont prévu cette espèce ; elles paraissent donner des solutions contradictoires, et les jurisconsultes se sont évertués à les concilier.

Commençons par la loi 18 d'Ulpien.

109. Il décide qu'il n'y a ni donation ni *mutuum*. A l'égard de la donation, on dit que pour qu'elle puisse exister, il faut que le donataire l'ait acceptée : il n'a pu le faire dans l'espèce, puisqu'il a pensé recevoir le *mutuum*; et Julien lui-même, l'auteur de la solution opposée, *scribit donationem non esse* (2). Mais Ulpien va plus loin; il nie l'existence du *mutuum*, il nie la translation de propriété : *magisque nummos accipientis non fieri*. Il en résulte que le *tradens* peut revendiquer les deniers qu'il a livrés, tant qu'ils existent en nature.

110. On a repoussé cette conséquence; Bartole et Accurse ont

(1) 41, 1, L. 36 (Julien).
(2) D., De reb. cred., L. 18.

pensé que , même en présence du texte formel d'Ulpien , on pouvait refuser toute répétition au *tradens*. Dans l'opinon de ces jurisconsultes, le *nummos accipientis non fieri* signifierait que la translation de propriété n'a pas lieu par la cause que se sont figurée les
parties contractantes : l'*accipiens* croit acquérir en vertu d'un *mutuum*, et cela ne peut être , puisqu'on lui a fait une donation ; le
donateur croit transférer la propriété par une donation , et c'est
impossible , puisqu'on reçoit à titre de prêt. C'est tout ce qu'a entendu dire Ulpien dans la loi que nous commentons ; mais il y a , en
réalité , translation de propriété , et Julien le décide expressément.
Pourquoi donc alors permettre à un donateur de revenir sur un acte
qui , de son essence , est irrévocable : *dat aliquis ea mente ut velit
nullo casu ad se reverti* (1). Ulpien accorde une exception de dol à
l'*accipiens* , lorsque les deniers ont été consommés ; Accurse et
Bartole concèdent la même faveur, lors même que les deniers
existent en nature.

111. On concilie ainsi la loi d'Ulpien avec celle de Julien , mais
c'est la dernière qui domine ; c'est elle qui fournit la véritable règle,
à laquelle , par un effort d'interprétation , on fait céder le sens appa-
rent de la loi d'Ulpien.

112. Nous ne saurions admettre cette première opinion. Sans
parler encore de la loi 36, citée plus haut, il nous paraît impossible
de lire dans la loi d'Ulpien ce qu'on veut lui faire dire. Quel que
soit le sens rigoureux des mots *mumnos non fieri accipientis*, ils
indiquent en tous cas qu'une répétition est permise ; que ce soit la
revendication, que ce soit la *condictio*, peu importe ; mais il est
évident qu'ils montrent que les deniers ne sont pas d'une manière
irrévocable entre les mains de l'*accipiens*. Cela est si vrai qu'Ulpien
a soin de distinguer l'hypothèse où les deniers existent en nature,
de celle où ils ont été consommés. Dans le second cas , il donne la
condiction au *tradens*, l'exception de dol à l'*accipiens* : nous pouvons appliquer ici sans crainte l'adage *qui dicit de uno*, *negat de
altero;* sans quoi la distinction faite par le jurisconsulte n'aurait
pas de sens. Donc, le *tradens* peut répéter les deniers qu'il a livrés,
et qui existent encore, sans crainte d'être repoussé par l'exception,

(1) D., 39, 5, De donat., L. 1 (Jul.).

de dol. D'ailleurs, cette exception de dol, accordée au cas de consommation, est fondée sur ce que *nummi consumpti sunt secundum
voluntatem dantis;* comment donner la même base à l'exception,
lorsqu'il n'y a pas consommation ?

112 *bis.* L'argument tiré de la loi 1, *De donationibus,* est sans
force lorsqu'on remarque que la donation n'existe et n'est irrévocable
qu'après l'acceptation du donataire. Jusque-là, le donateur peut se
repentir, et reprendre ce qu'il a livré.

113. Enfin, on prétend faire triompher l'opinion de Julien, et
la solution que l'on donne est la contradiction formelle de ce que
le jurisconsulte a écrit : en effet, la décision de Bartole et d'Accurse
revient à dire qu'il y a donation, puisqu'ils refusent au *tradens*
tout moyen de reprendre ce qu'il a livré : or Julien, au témoignage d'Ulpien *scribit donationem non esse.*

113 *bis.* Ainsi, en s'en tenant à la loi d'Ulpien, il reste acquis
que, dans l'espèce, si l'on suppose les deniers existant en nature, le
tradens peut reprendre ce qu'il a livré, lors même qu'il a pensé
faire une donation. Mais comment exercera-t-il ce droit ? Sera-ce
à titre de propriétaire, et comme n'ayant jamais transféré la propriété, c'est-à-dire par la revendication ? On le pourrait croire, en
lisant la loi d'Ulpien. Ou bien sera-ce à titre de prêteur, c'est-à-dire
par la condiction et en attendant l'époque fixée, au moins tacitement, pour le remboursement ? Car enfin, ainsi que nous l'avons
déjà dit, il y a eu accord de volontés sur la translation de propriété,
et comme la partie est contenue dans le tout, il est bien difficile de
penser que celui qui a voulu donner n'ait pas voulu prêter à plus
forte raison ; d'où il suit que même sur la cause de la tradition, il
n'y a aucun effort à imposer aux contractants pour les trouver d'accord.

C'est ce qui paraît résulter de la loi de Julien, laquelle est ainsi
conçue : *Cum in corpus quidem, quod traditur, consentiamus, in
causis vero dissentiamus : non animadverto cur inefficax sit tra-
ditio... Nam et si pecuniam numeratam tibi tradam donandi gratia, tu eam quasi creditam accipias : constat proprietatem ad te
transire, nec impedimento esse, quod circa causam dandi atque
accipiendi dissenserimus* (1).

(1) D., 41, 1, De adq. rei dom., 36 (Jul.)

114. Plusieurs interprètes (1), surtout parmi les modernes (2), on adopté cette dernière solution, mais sans chercher à la concilier avec la décision d'Ulpien : ils ont vu entre les deux lois une évidente antinomie, et préfèrent le sentiment de Julien : il leur a paru que de l'accord pour rendre propriétaire celui qui a reçu la chose résulte accord implicite pour la lui laisser à titre de prêt. Le *tradens* devra en conséquence attendre pour le remboursement l'époque admise par l'*accipiens* (tacitement, car il n'a pu intervenir de convention à cet égard), et il agira par la condiction *ex mutuo*.

115. Pour nous, après de longue hésitations, nous repoussons aussi cette doctrine, et nous y sommes déterminé par plusieurs motifs. Elle a d'abord l'inconvénient de laisser subsister une inexplicable antinomie entre les deux jurisconsultes. Il est en effet singulier qu'Ulpien, sans paraître combattre la décision de Julien, la rapportant au contraire en partie, arrive à une conclusion diamétralement opposée. Nous savons, il est vrai, que souvent il faut se résigner à reconnaître des contradictions évidentes que les rédacteurs du Digeste ont laissées subsister dans leur compilation; mais pour en arriver là, il faut être à bout de ressources, et nous ne pensons pas être si malheureux dans notre espèce.

En second lieu, il nous semble que l'on fait dire à la loi de Julien beaucoup plus qu'elle n'exprime en réalité : admettons avec lui que la tradition soit efficace, et transporte la propriété à l'*accipiens;* c'est notre sentiment et nous disons avec le jurisconsulte : *non animadverto cur inefficax sit tradictio.* S'ensuit-il nécessairement que le prêt soit validé, et que l'*accipiens*, certainement devenu propriétaire, le soit en vertu d'un *mutuum* qui n'était pas dans l'intention du *tradens?* Nous ne lisons pas cela dans le texte de Julien, et nous ne pensons pas que les principes nous forcent à l'admettre.

116. L'intention de chacune des parties contractantes porte sur deux objets distincts. Le *tradens* a voulu, 1° transférer la propriété; 2° faire une donation. L'accipiens a voulu, 1° acquérir la propriété, 2° recevoir un *mutuum*. De part et d'autre, on se

(1) Entre autres, Noodt et le président Favre, De reb. cred.
(2) Bugnet sur Pothier, n° 17. — Troplong, Du prêt, n° 196.

rencontre sur un point, la translation de propriété, et elle a lieu; de part et d'autre aussi, il y a désaccord sur le titre auquel la propriété est transférée, et il n'y a ni *mutuum* ni donation : c'est ce que dit Julien. — Il en résulte que le *tradens* aura le droit de reprendre la chose livrée quand il le voudra. En effet, tant qu'il conserve l'intention de faire une libéralité, la cause en vertu de laquelle l'*accipiens* possède, subsiste. Mais du moment où le *tradens* revient sur son intention première, les deniers qu'il a livrés se trouvent sans cause entre les mains de l'*accipiens*, et il peut en exiger la restitution.

117. Qu'on ne nous objecte pas qu'ayant donné, il a renoncé à la répétition : *dat aliquis ea mente ut... velit nullo casu ad se reverti* (1), car encore une fois, la donation n'existe que s'il y a concours de volontés : *in omnibus rebus, quæ dominium transferunt, concurrat, oportet, affectus, ex utraque parte contrahentium* (2).

118. On ne serait pas mieux fondé à répondre que, dans un contrat, l'une des parties ne peut pas, à son gré, changer de volonté, puisque sans convention de donner et de recevoir conclue avec l'*accipiens*, il n'y a pas contrat.

119. Que reste-t-il donc? Un bon vouloir de la part du *tradens*, assez semblable à ce qui se passe dans le précaire : *qui precario concedit, sic dat, quasi tunc recepturus, cum sibi libuerit precarium solvere* (3).

Seulement, la persistance dans cette intention bienveillante jusqu'après la consommation des deniers, permet de dire : *consumpti sunt secundum voluntatem dantis*, et Favre dit avec raison sur la loi qui nous occupe : *reconciliatur donatio*. Mais au contraire, si l'on voulait, malgré la réclamation du *tradens*, retenir les deniers qui subsistent en nature, on les posséderait *contra voluntatem dantis*.

120. Ceux-là même qui admettent le *mutuum* comme conséquence de la translation de propriété reconnue par Julien, font

(1) D., 34, 5, De donat., 1 (Jul.).
(2) D., 44, 7, De obl. et act., 55 (Javol.).
(3) D., 43, 26, De precar., 1, § 2 (Ulp.).

une réserve pour le cas où les deniers ont été consommés : c'est du moins la distinction que fait le président Favre, et que paraît adopter M. Troplong, malgré la généralité des termes employés par le savant magistrat. Il en résultera que, contrairement à l'opinion de Julien lui-même, qui repousse l'idée de donation, ce sera sinon toujours, du moins le plus souvent, une donation qui aura été faite. En effet, admettons pour un instant qu'il y ait *mutuum*, on ne pourra pas demander la restitution avant une certaine époque; or cette époque sera précisément celle où les objets livrés auront pu être utiles à l'*accipiens*, c'est-à-dire auront pu être consommmés; une fois consommés, comment les répéter, puisqu'il y a donation : *reconciliatur donatio?* L'*accipiens*, actionné en répétition, répondra : « Attendez! Ce que » vous m'avez livré ne m'a pas encore pu être utile, accordez- » moi un délai, car je n'ai pas encore eu le temps de consom- » mer. » — On accorde le délai et la consommation a lieu; nouvelle action du *tradens*, qui est repoussé, car on lui répond : « J'ai consommé suivant votre intention; il est vrai que vous en » aviez changé; mais peu m'importe, aujourd'hui que je n'ai » plus rien à vous entre les mains, et que j'ai cessé de posséder » sans fraude et sans dol. » Et il y aura donation. Ainsi les par- tisans exagérés de Julien arrivent à la contradiction flagrante de leur jurisconsulte, qui a dit : *donationem non esse.*

121. On se rapprocherait beaucoup plus de notre opinion si l'on admettait que la répétition prématurée démontre un changement de volonté qui retire tous ses effets à la consommation postérieure. Il n'y aurait plus qu'une différence avec notre sentiment (d'après lequel la répétition ne saurait, dans aucun cas, être prématurée), ce serait l'époque de la restitution, qui, une fois assurée par cette instance préliminaire, serait reportée au terme tacite. Mais pour arriver à ce résultat, pour donner naissance à ce prétendu *mu- tuum* que nos contradicteurs créent de toutes pièces, on voit qu'il faut cette circonstance d'un action intentée prématurément. Que le *tradens* découvre son erreur, et consentant intérieurement au *mu- tuum* auquel a songé l'*accipiens*, qu'il ait la malheureuse pensée d'agir comme on agit lorsqu'il y a *mutuum*, c'est-à-dire qu'il at- tende le terme... il sera tout étonné d'avoir en dernière analyse

fait une donation, précisément parce qu'étant revenu sur sa première intention, il a voulu faire un *mutuum*.

122. Ainsi, dans l'opinion de nos adversaires, aussi bien que dans la nôtre, il faut que le *tradens* se hâte d'intenter son action : or, nous en sommes encore à nous demander ce que l'*accipiens*, actionné, pourra répondre pour différer la restitution. Sans doute, si le demandeur vient dire qu'ayant reconnu son erreur, il veut définitivement faire un *mutuum*, et si la condiction qu'il intente est pour ainsi dire une notification de son changement de volonté, nous serons parfaitement d'accord avec nos adversaires ; car rien ne manque plus à la validité du *mutuum*, ni le concours de volontés, ni l'existence en nature des deniers, puisque l'action a été intentée avant que la consommation ait été opérée suivant la première intention du *tradens* : celui-ci n'a plus rien à craindre, et même après la consommation, il rentrera dans son bien.

Mais si nous supposons que le demandeur partage notre opinion, et se croie en droit d'exiger la restitution *hic et nunc*, le défendeur aura-t-il un prétexte pour retenir les objets qu'il détient? Quelle cause donnera-t-il à sa rétention? La donation? Le *tradens* ne veut plus donner! Le *mutuum*? Le *tradens* n'en a jamais voulu faire! Il détient donc sans cause.

123. Ainsi nous admettons, avec Julien, que, dans notre espèce, il y a translation de propriété; mais nous n'allons pas au delà, et nous n'en déduisons pas une conséquence qui nous paraît contraire à tous les principes. Notre système nous permet de considérer l'apparente antinomie des lois d'Ulpien et de Julien comme une simple querelle de mots, sans aucune importance pratique. En effet, Ulpien dit que la propriété n'est pas transférée. — Julien décide, au contraire, qu'il y a translation de propriété; mais nous pensons avoir démontré que cette translation est sans effet utile, puisqu'elle est révocable à la volonté du *tradens*.

124. Sans doute, s'il n'y a pas translation de propriété, on agira par la revendication; tandis que la *condictio sine causa* devra être employée dans la seconde opinion. De là une différence de procédure : mais Ulpien a-t-il entendu donner une aussi grande importance aux mots *nummos accipientis non fieri*? La question grave pour lui, ce n'était pas la translation de propriété, c'était la restitution; peut être a-t-il dit *nummos accipientis non fieri* en ce sens que la propriété n'est transférée que d'une manière essentiellement révocable. C'est ainsi que plusieurs commentateurs ont dit qu'Ulpien s'était préoccupé des effets réels de cette translation, tandis que Julien n'a envisagé que la subtilité du droit.

125. Quoi qu'il en soit, et pour nous résumer, nous voyons en dernière analyse que la seule opposition qui puisse subsister entre les deux textes qui nous occupent, si l'on repousse l'interprétation délicate que nous venons de rapporter des mots employés par Ulpien, c'est une opposition de procédure; mais nous maintenons la concordance au point de vue de l'existence du contrat lui-même : il n'y a ni donation ni *mutuum*, car ni l'un ni l'autre de ces contrats ne peuvent exister sans concours de volontés.

126. Nous avons dit, au n° 107, que nous examinerions successivement les deux hypothèses de consommation et de non-consommation.

Il nous reste donc à voir ce qu'il adviendra d'un pareil contrat, lorsque le donataire-emprunteur a consommé ce qu'il a reçu.

127. Ulpien décide que la donation est validée. Si l'*accipiens* est actionné, il se défendra par l'exception de dol, et n'aura rien à restituer : *quare, si eos consumpserit, licet condictione teneatur, tamen doli exceptione uti poterit : quia secundum voluntatem dantis nummi sunt consumpti.* Mais si nous sommes contraint d'accepter cette décision, on nous permettra d'en contester l'équité, même en présence du motif que fournit le jurisconsulte. Au moment où la consommation a été effectuée, il est bien vrai de dire que la volonté du donateur n'est pas changée, et que *consumpti sunt nummi secundum voluntatem dantis;* si donc il ne reste rien entre les mains du donataire, ni la chose originaire ni l'enrichissement qui peut être le résultat de sa consommation, nous admettons parfaitement la solution d'Ulpien; il serait injuste qu'un revirement dans la volonté du donateur causât un grave préjudice à l'autre partie. Mais si nous supposons qu'aux objets primitifs ait succédé un enrichissement quelconque, peut-on contester que cet enrichissement se trouve sans cause entre les mains de l'*accipiens?* Le donateur peut revenir sur sa volonté tant qu'il n'y a pas eu acceptation ; or on ne saurait admettre que la consommation, effectuée en

vue d'un *mutuum* que l'on pense avoir contracté, vaille acceptation. Donc, dès qu'un reliquat subsiste entre les mains de l'*accipiens*, il nous paraît qu'il devrait être loisible au *tradens* d'en exiger le remboursement.

128. Mais, nous l'avons dit tout à l'heure, le texte d'Ulpien est formel, et nous semble répugner à la solution que nous proposons. Cependant ne pourrait-on pas remarquer que le jurisconsulte accorde toujours la *condictio* : seulement, elle pourra être paralysée par une exception de dol; mais pour qu'on puisse employer ce moyen de défense, il faut qu'il ait dol à réclamer quelque chose; or il y a certainement dol à poursuivre celui que dans l'origine on voulait gratifier, lorsque, de la gratification, il ne reste plus aucun vestige. Mais il n'y aurait aucune mauvaise foi à demander la restitution de choses qui sont sans cause, il faut bien l'avouer, entre les mains de l'adversaire. On n'aurait donc pas l'exception de dol, dans le cas où l'on se serait enrichi d'une manière quelconque par suite de la consommation.

129. Le texte et les commentateurs gardent le silence sur l'hypothèse inverse : l'*accipiens* a cru être donataire, tandis que le *tradens* croyait faire un *mutuum*.

Il n'y a ni *mutuum* ni donation, comme dans l'espèce précédente, et tant que la chose est extante, elle peut être répétée : mais cette répétition se fera au moyen de la *condictio* : nous pensons en effet, avec Julien, qu'il y a translation de propriété. Si la chose a été consommée, elle l'a été nécessairement de bonne foi, il n'y a donc place encore que pour la *condictio*, mais nous ne pensons pas que ce soit celle qui naît du *mutuum*. Il est impossible, en effet, d'admettre que ce malheureux donataire paye si cher son erreur, qu'il soit contraint à une restitution lors même qu'il n'est résulté pour lui de la consommation aucun profit. Donataire, ou du moins se croyant cette qualité, il était en droit d'anéantir la chose; il a pu même y être réduit par un cas de force majeure. Nous pensons en conséquence qu'il n'y a pas *reconciliatio mutui*, et que la condiction n'est accordée que jusqu'à concurrence de l'enrichissement de l'*accipiens*.

130. On n'a pas examiné non plus, à notre connaissance, le cas où l'une des parties a cru faire une vente, l'autre ayant l'intention de contracter un *mutuum*. La vente n'est pas par elle-même translative de propriété; mais accompagnée de la tradition, elle la transfère en réalité, lorsqu'elle est faite *a domino*. Il y a donc eu accord des volontés sur un point, la translation de propriété, et nous pensons qu'on peut appliquer ici la décision de Julien, déjà tant de fois rappelée, et relative à l'hypothèse où le *tradens* a cru faire une donation. L'*accipiens* est devenu propriétaire de l'objet livré, mais sans effet utile, puisqu'on peut le lui retirer par une condiction *ob causam dati causa non secuta*, si la chose n'est pas consommée.

Dans le cas contraire, c'est-à-dire s'il y a eu consommation, nous croyons qu'il faut faire une distinction. L'*accipiens* a-t-il cru être acheteur, il était en droit d'anéantir la chose, et la *condictio* accordée à son adversaire ne sera fondée que sur la mesure de l'enrichissement. A-t-il, au contraire, pensé être un emprunteur, il a toujours compté sur l'obligation de restituer, et le *tradens* est en droit de soutenir que *reconciliatur mutuum :* par conséquent la restitution sera intégrale, et l'action sera la *condictio ex mutuo.*

Nous reconnaissons toutefois que ces décisions, fondées uniquement sur l'équité, auraient besoin d'être appuyées sur des textes qui, malheureusement, nous font défaut.

ARTICLE VII.
CONVENTION DE RENDRE.

131. La tradition faite en vue d'un *mutuum* doit être accompagnée d'une convention par laquelle l'emprunteur s'oblige à rendre des objets semblables. Nous allons voir dans le prochain chapitre quelles conditions ces objets doivent remplir pour que la restitution soit satisfaisante.

La nécessité de cette convention est évidente ; autrement on aurait fait une donation en place d'un prêt.

Elle ne doit pas contenir l'obligation de rendre identiquement le même objet; autrement on aurait fait un commodat ou un dépôt.

Remarquons toutefois qu'il est loisible à l'emprunteur de restituer la chose en nature, si elle remplit encore les conditions requises, et s'il a préféré ne pas la consommer.

132. Cette convention n'est pas une stipulation jointe au *mutuum*; elle fait corps avec le prêt lui-même et n'a pas besoin d'être faite dans les formes solennelles du contrat verbal.

Nous avons eu l'occasion ailleurs (1) de parler d'une stipulation jointe au contrat de prêt ; nous avons vu que le *mutuum* était absorbé et se transformait en un contrat verbal.

133. Nous avons terminé l'étude de toutes les conditions essentielles à la validité d'un *mutuum* ; il nous reste à examiner quelles sont les obligations de l'emprunteur lorsque le contrat a été formé suivant les règles que nous avons dites.

Nous allons donc traiter de la restitution. Ce sera l'objet de notre chapitre III.

CHAPITRE III.

DE LA RESTITUTION.

134. Lorsque le *mutuum* a été formé d'après les principes ci-dessus examinés, l'emprunteur contracte l'obligation de rendre.

Nous allons rechercher maintenant l'étendue de cette obligation, et nous montrerons successivement les conditions que doit remplir la chose rendue pour que la restitution soit régulière. Ces conditions sont relatives à la quantité et à la qualité de la chose, à l'époque et au lieu de la restitution.

ARTICLE PREMIER.

QUE DOIT RENDRE L'EMPRUNTEUR.

§ 1. — De la restitution en nature.

135. L'emprunteur doit rendre une chose de même espèce ; c'est ce que le jurisconsulte appelle *idem genus*, par opposition à *eamdem speciem*, corps certain (2).

135 *bis*. Il doit rendre une chose de même qualité, alors même que cette stipulation n'aurait pas été faite au contrat.

136. Quelques doutes avaient pu s'élever à cet égard. En effet,

(1) Nos 37 et suiv.
(2) D., De reb. cred., l. 2, pr. (Ulp.).

on ne doit, en vertu d'un contrat *stricti juris*, que ce qui est formellement exprimé au contrat. Ainsi, nous lisons à propos de la stipulation : *quidquid adstringendæ abligationis est, id, nisi palam verbis exprimitur, omissum intelligendum est* (1).

Mais il est des obligations qui, bien que sous-entendues, vont de soi et tiennent à la la nature même du contrat, sans avoir besoin d'être exprimées. Telle est la nécessité, dans le *mutuum*, de rendre des choses de même qualité.

A défaut de texte, nous serions conduits à ce résultat par les trois considérations qui suivent :

137. 1° La définition du *mutuum* est celle-ci : un contrat par lequel le prêteur transfère la propriété d'une chose à l'emprunteur, à la charge par celui-ci de transférer au prêteur la propriété d'une chose *identique*. Cette condition ne serait pas remplie si la chose rendue était de qualité inférieure.

138. 2° Les choses fongibles sont seules, en principe, susceptibles d'être l'objet d'un *mutuum*. Pourquoi cela ? Parce que, seules, elles peuvent si bien se remplacer les unes les autres, que leur restitution puisse fournir un équivalent exact au prêteur : or ce remplacement exact ne serait pas obtenu si la restitution ne portait pas sur des objets de qualité semblable.

139. 3° Enfin, lorsqu'on rend un service, on est dans l'habitude de chercher à ne pas se faire tort à soi-même, et ce principe doit servir de règle générale à l'interprétation de la volonté des parties contractantes.

140. A ces raisonnements, vient s'adjoindre un texte qui prouve surabondamment que, par la convention seule de *mutuum*, sans autre addition, l'emprunteur s'est obligé à rendre des objets de même qualité : *cum quid mutuum dederimus, etsi non cavimus, ut æque bonum nobis redderetur, non licet debitori deteriorem rem, quæ ex eodem genere sit, reddere* (2).

Ce premier point établi, nous en conclurons que l'emprunteur n'a pas à rendre une chose de même prix lorsqu'il s'agit de marchandises telles que l'huile, le vin ou le blé. A défaut de texte

(1) D., 45, 1, De verb. obl., L. 99 (Celsus).
(2) D., De reb. cred., L. 3 (Po).

(mais nous en avons un sur lequel nous reviendrons bientôt), le bon sens seul nous indiquerait cette décision. En effet, nous avons montré que l'emprunteur doit restituer des choses de même qualité ; or la qualité est une manière d'être invariable, indépendante des temps et des circonstances. La valeur d'une chose, au contraire, est soumise à mille vicissitudes, et le prix de la même qualité peut avoir subi les modifications les plus considérables entre l'époque du prêt et celle de la restitution ; de sorte que si l'emprunteur était contraint de restituer une chose de même valeur, il est plus que probable que cette chose ne serait pas de même qualité que la chose empruntée. Les deux idées de qualité et de valeur sont exclusives l'une l'autre, et lorsque l'on exige identité de l'une, il faut admettre disparité de l'autre.

141. Nous avons promis un texte à l'appui de cette opinion. Julien, prévoyant le cas où l'emprunteur restitue l'estimation de la chose au lieu de la chose elle-même, cherche d'après le prix de quelle époque on doit faire cette estimation, et il décide qu'il faut se reporter au temps convenu pour la restitution ; si l'échéance n'a pas été fixée, il faut se reporter au temps de la *litis contestatio* (1) : jamais il n'est question de l'époque où le contrat est intervenu.

142. Sans doute, il pourra se faire que cette même qualité ait considérablement changé de valeur et que l'une des parties contractantes bénéficie au préjudice de l'autre ; mais ce résultat n'a rien de choquant, car il est entré dans les prévisions des intéressés, et les chances sont égales de part et d'autre.

C'est ainsi que l'on raisonne lorsque l'on met à la charge de l'acheteur les risques de la chose vendue dès le moment de la vente. L'acheteur profite des améliorations s'il y en a, c'est donc justice que de lui faire supporter les chances de perte.

143. Mais il est une chose dont la qualité se confond avec la valeur ; en d'autres termes, une chose dont la qualité consiste, non pas à être faite avec telle ou telle matière, à avoir telle ou telle saveur, telle ou telle propriété physique, mais à valoir tel ou tel prix : c'est l'argent monnoyé : *electa materia est cujus publica et perpetua æstimatio difficultatibus permutationum, æqualite quanti-*

(1) D., De reb. cred., L. 22.

*tatis subvenirel : eaque materia forma publica percussa usum
dominiumque non tam ex substantia præbet, quam ex quanti-
tale* (1).

144. Il sera donc permis de rendre une valeur égale en monnaie différente, tandis que dans les prêts de choses ordinaires, on
ne peut pas restituer une espèce autre que celle qui a été prêtée,
fût-elle de même valeur, à moins du consentement du créancier :
quia aliud pro alio invito creditori solvi non potest (2). Dans le
cas de prêt d'argent, au contraire, la bonté de l'argent prêté ne
consistant pas dans sa forme ou sa matière, mais dans sa valeur,
peu importe au créancier l'espèce de monnaie qu'on lui rend. A
l'appui de ces raisonnements, viennent se joindre quelques textes.
Ainsi, le jurisconsulte Florentinus décide que le contrat verbal est
valable, lorsqu'on a stipulé des deniers de cuivre, et que le débiteur a promis une valeur égale en écus d'or : *stipulanti denarios,
ejusdem quantitatis aureos spondendo, obligaberis* (3). Or on sait
que la stipulation est nulle, s'il n'y a pas concordance entre la demande et la réponse : *præterea inutilis est stipulatio si quis ad ea
quæ interrogatus fuerit, non respondeat* (4). Ce n'est donc pas répondre autre chose, que de promettre une monnaie autre que celle
contenue dans l'interrogation.

Ailleurs encore, nous lisons que si un testateur a légué cinq livres d'or, il est loisible à l'héritier de délivrer au légataire l'or lui-
même ou le prix qu'il lui aurait coûté : *Titix amicæ meæ, cum
qua sine mendacio vixi, auri pondo quinque dari volo. Quæro
an hæredes ad præstationem integræ materiæ auri, an ad pretium, et quantum præstandum compellendi sint? Paulus respondit,
aut aurum ei, de qua quæritur, præstari oportere, aut pretium
auri quanti comparari potest* (5). Ce choix qui appartient à l'héritier montre assez qu'aux yeux du jurisconsulte, la monnaie, quelle
que soit sa manière d'être, peut remplacer exactement une autre
monnaie, pourvu qu'elle ait même valeur.

(1) D., 18, 1, De contr. empt., 1 (Paul.).
(2) D., 12, 1, De reb. cred., 2, § 1, in fine (Paul).
(3) D., 45, 1, De verb. obl., 65.
(4) Inst., 3, 19, mut. stip., § 5.
(5) D., 34, 2, De auro, arg., mundo, legatis, 35 (Paul.).

Enfin, le même Paul décide qu'on ne peut pas contraindre le créancier à recevoir une autre monnaie que celle qu'il a prêtée, si de ce changement doit résulter quelque dommage pour lui : *Paulus respondit creditorem non esse cogendum in aliam formam nummos accipere, si ex ea re damnum aliquod passurus est* (1).

Donc, *a contrario*, on peut l'y contraindre s'il n'a point de préjudice à redouter : or peu lui importe qu'il faille, au temps du remboursement, vingt-cinq pièces pour faire la somme qui n'en exigeait que vingt-quatre au jour du prêt, par suite de l'abaissement du taux; peu lui importe encore, au point de vue auquel nous nous plaçons, que les pièces nouvelles aient une valeur intrinsèque inférieure, par suite de l'abaissement du titre, si elles ont la même valeur nominale.

145. Les Romains faisaient parfaitement cette distinction entre la valeur nominale et la valeur intrinsèque de l'argent, bien que cette idée paraisse, au premier abord, un peu trop moderne. C'est le jurisconsulte Scævola qui va nous fournir l'appui de son autorité, par la décision qu'il donne dans l'espèce suivante. Un créancier, auquel on a offert le remboursement en une certaine monnaie, a négligé de toucher cette somme le jour où les offres lui étaient faites. Postérieurement, un décret du gouverneur de la province frappe d'interdit la monnaie qu'on avait proposée, parce qu'elle contient trop de cuivre, et lui retire son cours légal : le créancier ne doit pas y perdre, et son débiteur ne sera pas libéré en lui livrant les écus primitifs, parce qu'ils n'ont plus la même valeur nominale. *Creditor oblatam a debitore pecuniam, ut alia die accepturus, distulit; mox pecunia, qua illa respublica utebatur, quasi ærosa, jussu præsidis sublata est; quæsitum est cujus detrimentum esset? respondi non creditoris esse detrimentum* (2).

146. Les préjudices auxquels Paul a songé quand il a dit : *Si ex ea re damnum aliquod passurus est,* sont d'une nature différente. Il s'agit, par exemple, d'une somme considérable, remboursée en petite monnaie, et qui exigerait des frais de transport, ou bien de pièces qui n'auraient pas cours au lieu du remboursement, et nécessiteraient le recours à l'*argentarius*.

(1) D., 46, 3, De solut., 99 (Paul.).
(2) D., 46, 3, De solut., 102, pr. (Scæv.).

147. De tout ce qui précède, nous pouvons conclure, pour nous résumer : 1° que la restitution de choses ordinaires doit être faite sur le pied de leur qualité au jour du prêt, quel que soit leur prix au jour du remboursement ;

2° Que la restitution d'un prêt d'argent monnayé doit être faite en une somme égale à celle qui a été prêtée, quelle que soit la monnaie dont on se serve.

§ 2. — Restitution en argent.

148. Nous avons rencontré, dans le cours des explications que nous avons données, une loi importante qui a soulevé bien des dissentiments entre les commentateurs, et sur laquelle nous sommes obligé de revenir avec quelques détails : nous voulons parler de la loi 22, *De rebus creditis*.

Il s'agit d'un prêt de vin, ou en général d'un prêt de choses autres que de l'argent monnayé. Nous savons et nous avons montré que l'emprunteur doit restituer du vin, de même qualité et en même quantité que celui qui lui a été livré. Mais s'il n'a pas satisfait à cette obligation, et qu'il soit actionné en restitution, comme la condamnation à intervenir est nécessairement pécuniaire, il ne sera plus question de rendre une certaine qualité de vin, mais bien de rendre le prix de cette qualité : or ce prix a pu subir, depuis le jour du contrat jusqu'à celui du jugement, les modifications les plus grandes, et l'on conçoit toute l'importance qu'il y a à déterminer clairement l'époque à laquelle nous devons nous reporter pour fixer ce que valait le vin de même qualité. — C'est à cette grave question que répond la loi qui nous occupe.

149. Par elle-même, et indépendamment des contradictions que nous pourrons trouver ailleurs dans le Digeste, cette loi fournit les solutions les plus claires et les plus satisfaisantes. Le jurisconsulte se demande si le prix doit être déterminé d'après la valeur du vin à trois époques : 1° au jour du contrat; 2° au terme fixé par les parties pour la restitution; 3° au moment de la *litis-contestatio*. Il décide en faveur des deux dernières époques, et par ce choix, il repousse l'estimation faite à tout autre moment, soit à celui du contrat, soit au jour de la mise en demeure, soit

à celui du jugement, soit pendant l'un des intervalles qui séparent ces époques différentes.

Il décide que si les parties ont fixé un terme pour la restitution, l'emprunteur doit restituer l'estimation faite au jour de l'échéance. Si au contraire le terme n'a pas été fixé, l'emprunteur rendra le prix que vaut le vin au moment de la *litiscontestatio*.

150. Rien ne nous paraît plus raisonnable que cette double solution.

D'abord, elle est conforme à des principes généraux posés ailleurs : ainsi nous lisons dans Gaïus (*ad edictum provinciale*) : *Si merx aliqua, quæ certo die dari debebat, petita sit, veluti vinum.., tanti litem æstimandam Cassius ait, quanti fuisset eo die, quo dari debuit : si de die nihil convenit, quanti tunc cum judicium acciperetur* (1). C'est exactement la même solution donnée en termes presque identiques.

Ailleurs, nous voyons que dans les contrats de droit strict, pour déterminer le chiffre de la condamnation, il faut se reporter à la valeur de la chose au jour de la *litiscontestatio : in bonæ fidei judiciis, rei judicandæ tempus, quanti res sit, observatur : quamvis in stricti, litis contestatæ tempus spectetur* (2).

151. Mais ce ne sont pas seulement des textes aussi clairs, aussi concluants, qui nous déterminent à choisir sans hésitation la solution que nous proposons. Le bon sens n'est pas moins d'accord avec elle. Supposons en effet que le débiteur restitue du vin en nature : le jour où il fait cette restitution, il se dessaisit d'un objet qui vaut une somme fixée par le prix de cet objet ce jour-là ; et en même temps il procure à son créancier un avantage égal à la même somme : si donc la restitution est faite en argent, elle doit être d'une somme égale à la valeur qu'a la chose le jour du payement ; or, jusqu'au dernier jour où la restitution a pu être faite en nature, le débiteur n'était pas contraint à livrer du vin ; que la marchandise dans l'intervalle soit devenue plus ou moins chère, peu lui importe ; et les variations du prix n'ont aucune influence sur sa position, puisqu'il ne doit pas encore. Il faut donc se placer

---

(1) D., 13, 3, De cond. trit., 4 (Gaius).
(2) D., 13, 6, Comm. rel contr., 3, § 2 (Ulp.).

au *dernier* jour où la restitution en nature était possible pour déterminer la valeur de l'objet qu'il aurait dû livrer, s'il eût accompli son obligation : or ce dernier jour, c'est, ou le terme fixé, ou, s'il n'y en a pas, le moment de la *litiscontestatio*.

Le terme fixé, car c'est la loi des parties.

Le jour de la *litiscontestatio*, car le débiteur peut ce jour-là purger sa demeure en offrant la restitution, et il ne le pourrait pas plus tard : *quod si insulam fieri stipulatus sim, et transierit tempus, quo potueris facere : quamdiu litem contestatus non sim, posse te facientem liberari placet; quod si jam litem contestatus sim, nihil tibi prodesse, si ædifices* (1).

Il est donc éminemment juste et raisonnable de condamner le débiteur à payer une somme d'argent égale à la valeur qu'aurait eue le vin au jour fixé pour la restitution si le terme est indiqué dans la convention, et, dans le cas contraire, au jour de la *litiscontestatio*.

182. Toutefois, de graves controverses se sont élevées à ce sujet, et les opinions les plus diverses ont été soutenues dans l'hypothèse où le jour de la restitution n'est pas fixé par le contrat.

Les uns veulent se reporter au jour de la tradition, d'autres à l'époque de la condamnation, d'autres enfin à celui des deux jours de la *litiscontestatio* ou de la condamnation auquel la valeur de la chose est la plus forte.

Nous examinerons séparément, et chercherons à réfuter chacune de ces opinions.

183. 1° L'estimation doit être faite au jour du prêt. Six arguments sont proposés par nos adversaires :

1° D'après la loi 3, *De rebus creditis*, la restitution doit se faire en objets de même bonté, c'est-à-dire de même prix.

Nous avons déjà fait justice de cette erreur en montrant la différence essentielle qui existe entre la qualité, chose invariable, et le prix, lequel change en raison d'une foule de circonstances. C'est précisément parce qu'il doit rendre des objets de même qualité que l'emprunteur est contraint de payer la valeur qu'a cette qualité au jour du payement.

(1) D., 45, 1, De verb. obl., 81 (Paul.).

154. 2° Le second argument de nos adversaires est tiré de la loi 28, *De novationibus* (1) ; voici l'espèce : J'ai stipulé le fonds cornélien ; plus tard je stipule *quanti fundus est*, sans manifester l'intention de faire une novation : les deux obligations subsistent concurremment, de sorte que le débiteur n'est pas libéré de la seconde en acquittant la première, c'est-à-dire en livrant le fonds cornélien, et alors même que, sur l'action du créancier, il est contraint de payer une somme d'argent ; mais cette somme est déterminée par la valeur qu'a le fonds au jour de la demande en justice, *præsens æstimatio fundo petito recte consideretur*, pourvu que la diminution de prix, s'il y en a une, ne soit pas arrivée par la faute du débiteur. Au contraire, la condamnation relative à la seconde stipulation est arbitrée d'après la valeur du fonds au jour du contrat. Il doit en être de même, disent nos adversaires, pour un *mutuum* de vin. En effet, puisque ce n'est jamais le vin lui-même que le créancier peut exiger, mais son estimation, c'est cette estimation que le débiteur, en recevant le prix, s'est engagé à restituer, absolument comme celui qui a promis *quanti fundus est*. La loi 22, *De rebus creditis*, emploie une locution vicieuse quand elle dit : *vinum per judicem petitum est*. C'est *æstimatio vini* qu'il faut lire ; car, en réalité, l'obligation de l'emprunteur est toujours de rendre *quanti vinum est*. Donc, il faut appliquer la solution de la loi 28, *De novationibus*, relative à l'obligation *quanti fundus est*.

155. Cette argumentation n'est pas sérieuse ; en effet, si l'on prend la loi dans son ensemble, on voit facilement l'opposition que le jurisconsulte a voulu marquer entre les deux stipulations : dans la première, il s'agit d'un fonds, et c'est la valeur de ce fonds au jour de la *litiscontestatio* qui est due par le débiteur ; dans la seconde, le fonds lui-même n'est pas *in obligatione*, c'est sa valeur, son prix, choisi comme terme de comparaison ; si le fonds vaut *cent* le jour de la stipulation, stipuler *quanti fundus est* est identiquement la même chose que stipuler *cent*, valeur invariable, qui sera *cent* au jour de la *litiscontestatio* comme elle était *cent* au jour du contrat, et quels que soient les changements du fonds lui-même.

_____

(1) D., 46, 2, De novat., 28 (Papin.).

186. Si nous revenons maintenant à notre espèce, à un prêt de vin, nous voyons qu'il faut lui appliquer la règle que le jurisconsulte donne pour la stipulation du fonds cornélien ; en effet, le vin n'a pas été choisi comme terme de comparaison, il a été livré en nature, c'est lui qui est *in obligatione*, et non pas son prix : sans doute, si le débiteur est actionné en justice, il sera condamné à payer une somme d'argent ; mais il en est de même pour le débiteur du fonds Cornélien, et cela tient à ce principe général que toute condamnation, à Rome, est pécuniaire. Mais on n'est pas en droit d'en conclure que puisque l'emprunteur n'est jamais forcé de restituer qu'une somme d'argent, c'est toujours le prix et non la chose même qui est *in obligatione* ; sans quoi il faudrait tirer la même conséquence de la situation du débiteur du fonds, et par suite, faire abstraction dans la loi qui nous occupe des mots : *præsens æstimatio fundo petito recte consideretur.*

187. 3° La loi 37, *Mandati vel contra* (1), est invoquée par nos contradicteurs par suite d'une confusion de la même nature.

On a promis un esclave déterminé, avec l'adjonction d'un fidéjusseur ; c'est celui-ci qui paye. Il a l'action *mandati contraria* contre le débiteur principal pour une somme égale à la valeur qu'avait l'esclave au jour du payement ; or, c'est ce jour-là qu'est née l'obligation à la charge du mandant. Donc il faut se reporter au jour de la naissance de l'obligation, c'est-à-dire au jour du *mutuum*, s'il s'agit d'un *mutuum*, pour déterminer le prix de la chose à restituer.

188. Ici encore, il ne faut pas tronquer la loi ; il faut la lire tout entière, et son sens apparaîtra conforme à notre opinion. Oui, c'est l'estimation de l'esclave au jour où se forme le contrat de mandat que devra payer le débiteur principal ; car ce n'est pas l'esclave qui est *in obligatione*, c'est son prix, fixé une fois pour toutes au moment du payement par le fidéjusseur. En effet, le débiteur principal ne peut pas devoir à son mandataire cet esclave qui a été livré aux mains du créancier pour ne plus en sortir ; mais il doit sa valeur seulement, et ce qui le prouve, outre le bon sens et le simple raisonnement, c'est la suite même de la loi, où

(1) D., 17, 1, Mand., 37 (Alf.).

nous lisons : *Et ideo, etiam , si mortuus fuerit, nihilominus ûtilis ea actio est.* Alors même que l'esclave serait mort, l'action *mandati contraria* subsisterait ; un pareil résultat serait inadmissible si c'était l'esclave qui était *in obligatione.*

159. 4° La loi 22, *De obligationibus et actionibus*, que l'on nous oppose ensuite, fournit un argument plus sérieux à nos adversaires. Elle est ainsi conçue : *Cum quis in diem mercem stipulatus fidejussorem accepit, ejus temporis æstimatio spectanda est quo satis acceperit* (1). Lorsqu'on a fait une stipulation à terme, et qu'on est garanti par l'adjonction d'un fidéjusseur, l'estimation doit être faite au jour *quo satis acceperit;* toute la difficulté consiste dans le sens qu'il convient de donner à ces derniers mots. Nos contradicteurs traduisent : le jour où la caution a été acceptée, par conséquent où le contrat de mandat a pris naissance, et ils en tirent un solide appui pour leur système.

Nous reconnaissons avec eux que l'on peut entendre ainsi la phrase dont il s'agit : Oui, le jour où un créancier reçoit un fidéjusseur se dit bien *dies quo satis accipit;* mais ces mots ne peuvent-ils pas avoir un autre sens? Pourquoi ne pas les entendre du moment où l'on a promis de payer? On dit bien contracter *in aliquo loco*, pour s'engager à payer dans un lieu déterminé ; car nous lisons dans la loi précédente : *Contraxisse unusquisque in eo loco intelligitur, in quo ut solveret, se obligavit* (2) ; et ailleurs : *Venire bona ibi oportet.... ubi quisque contraxerit; contractum autem non utique eo loco intelligitur, quo negotium gestum sit, sed quo solvenda est pecunia* (3).

Il faut donc reconnaître que les mots *dies quo satis acceptum est* présentent deux sens, et alors lequel choisir? Évidemment celui qui ne vient blesser aucune règle de droit : or l'interprétation que donnent nos adversaires est en opposition formelle avec les principes de la fidéjussion. En effet, admettons pour un instant la traduction qu'on nous oppose, et supposons que depuis la fidéjussion, la chose ait diminué de valeur; le fidéjusseur se trouvera débiteur d'une somme supérieure à l'obligation principale ! Ce résultat n'est-il

(1) D., 44, 7, De obl. et act., 22 (Afr.).
(2) D., 44, 7, De obl. et act., 21 (Jul.).
(3) D., 42, 5, De reb. auct. jud. poss., 1 et 3 (Gaius).

pas contraire à la nature d'un contrat accessoire, contraire aux principes, contraire aux textes? *Illud commune est in universis qui pro aliis obligantur: quod si fuerint in duriorem causam adhibiti, placuit eos omnino non obligari* (1).

Il faut donc rejeter le sens qui, nous l'avouons, se présente le premier à la pensée, pour en admettre un autre, lequel, conforme avec tous les principes de la fidéjussion, ne l'est pas moins avec le système que nous soutenons ici.

160. 5° Nous lisons au § 3, L. 3, *De actionibus empti et venditi*, au Digeste : *Si per venditorem vini mora fuerit, quo minus traderet, condemnari eum oportet, utro tempore pluris vinum fuit, vel quo venit, vel quo lis in condemnationem deducitur* (2). Lorsque le vendeur est en demeure, il doit être condamné à payer la plus forte valeur que la chose vendue a atteinte, soit au jour de la *litiscontestatio*, soit au jour *quo vinum venit*. Et nos adversaires traduisent : au jour où la vente a été conclue.

161. Nous serions en droit de répondre que la loi a trait seulement aux contrats de bonne foi, et que l'on pourrait donner une solution contraire pour les contrats *stricti juris*. Mais tout en sauvant ainsi la portée de la loi 22, *De rebus creditis*, nous ne nous trouverions pas moins en contradiction avec le principe général posé dans la loi 4, *De condictione triticaria*, que nous avons citée dès le début de cette discussion.

162. D'ailleurs, si nous repoussons l'estimation au jour de la convention, pour les contrats de droit strict, à plus forte raison faisons-nous de même pour ceux de bonne foi. Là en effet, ou jamais, le législateur et le juge doivent se conformer à la volonté des parties; or en indiquant un jour pour la livraison, celles-ci ont eu certainement en vue la valeur qu'aurait la chose au jour déterminé; il est pour le moins étrange d'attribuer arbitrairement à cette chose une tout autre valeur. Ainsi, j'ai acheté du vin qui vaut actuellement *cent*, pour être livré six mois plus tard, et j'ai fait ce marché en prévision d'une hausse sur le prix des vins; le vendeur, à l'échéance, ne livre pas, et les vins valent cent trente,

(1) D., 46, 1, De fidej. et mand., 8, § 7 (Ulp.).
(2) D., 19, 1, De act. emp., L. 3, § 3 (Pompon.).

conformément à mes prévisions : nos contradicteurs veulent que le vendeur soit condamné à me payer seulement une somme de cent! N'est-ce pas contraire à la bonne foi, puisqu'en réalité le vendeur me fait tort d'une somme de cent trente, que j'aurais trouvée dans la vente des vins, s'ils m'avaient été livrés?

163. Mais alors même que cette solution, si contraire à l'équité, pourrait être admise pour les contrats de bonne foi en général, il faudrait la repousser pour la vente en particulier. En effet, dans la vente, dès le moment de la convention, les risques sont pour l'acheteur; toutes les variations de valeur de la chose, depuis le jour du contrat jusqu'au terme fixé, lui profitent ou lui nuisent; donc si le vin vaut cent trente au jour fixé, c'est une somme de cent trente que le vendeur doit à son créancier.

164. Que faut-il donc faire des mots *tempore quo vinum venit*? Nous en donnerons une explication semblable à celle que nous avons proposée plus haut pour la loi 22, *De obl. et act.*, et nous la puiserons dans le texte même que l'on nous oppose. En effet, après avoir dit que l'acheteur peut exiger l'estimation la plus forte, soit du jour de la *litiscontestatio*, soit du jour *quo vinum venit*, le jurisconsulte ajoute : *item quo loco pluris fuit, vel quo venit, vel ubi agatur*. La comparaison des lieux doit donc être faite comme celle des temps. Or nous trouvons dans le paragraphe suivant de la même loi le sens qu'il faut attribuer à ces mots, *quo venit, ubi agatur*, relativement aux lieux. *Item non oportet ejus loci pretia spectari, in quo agatur : sed ejus ubi vina tradi oportet*; ainsi, le lieu *quo vinum venit*, c'est celui où la livraison doit être faite; donc le temps *quo vinum venit* est aussi le temps de la livraison. Et alors la loi 3, *De act. emp.*, nous fournit un nouvel argument à l'appui de notre système.

165. 6° Enfin, les partisans de l'estimation au jour du contrat nous opposent un dernier texte, la loi 59, *De verborum obligationibus*, qui est ainsi conçue : *Quotiens in diem, vel sub conditione oleum quis stipulatur, ejus æstimationem eo tempore spectari oportet quo dies obligationis venit : tunc enim ab eo peti potest* (1).

(1) D,. 45, 1, De verb. obl., 59 (Julianus).

Quand on a stipulé de l'huile à terme ou sous condition, il faut faire l'estimation de l'huile au moment du terme ou de l'événement de la condition; *car c'est alors seulement que la créance est exigible.* Donc, *a contrario,* si l'obligation est pure et simple, *comme on peut en exiger immédiatement l'accomplissement,* c'est au jour du contrat qu'il faut faire l'estimation. Il en résulte que si les parties, en faisant un *mutuum,* n'ont pas déterminé l'époque du remboursement, l'estimation ne sera pas faite à l'époque de la *litiscontestatio,* comme nous le prétendons, mais au jour du *mutuum,* comme l'affirment nos contradicteurs.

166. Nous pourrions bien répondre qu'en général, les arguments *a contrario* ne prouvent pas grand'chose, et en outre que Julien donne pour motif de sa décision l'exigibilité de la créance; or, même s'il n'y a pas de terme au *mutuum,* on est en droit de dire que le remboursement n'est pas actuellement exigible : comme nous le verrons plus tard, il y a toujours un terme tacite sans lequel le contrat serait illusoire, puisqu'il ne produirait aucune utilité à l'emprunteur. Mais nous pensons avoir une réponse plus péremptoire.

167. Julien n'a pas voulu dire que l'on devrait faire l'estimation précisément le premier jour où l'obligation serait exigible; il exprime simplement qu'avant l'échéance du terme ou l'arrivée de la condition, on ne saurait faire l'estimation, parce que, pour cela, on doit attendre l'exigibilité; mais parmi tous les jours qui suivent celui-là et pendant chacun desquels on peut demander le remboursement, le jurisconsulte ne détermine pas ici lequel on choisira pour en fixer la quotité. C'est ailleurs qu'il répond à cette question; c'est dans notre loi **22 De rebus creditis,** dont il est aussi l'auteur; car nos adversaires n'ont pas songé que, grâce à leur interprétation, un jurisconsulte aussi savant que Julien se trouverait en contradiction flagrante avec lui-même. Nous, au contraire, nous voyons que dans une loi Julien indique une époque durant laquelle on ne peut pas faire l'estimation : c'est le temps écoulé entre la formation du contrat et le moment de l'échéance; alors seulement commencent et la possibilité d'exiger la chose et la faculté d'en faire l'estimation.

Dans une autre loi, le même jurisconsulte désigne spécialement, parmi ces jours où la créance est exigible, le jour où l'on peut déterminer la valeur de la chose.

D'ailleurs, si la loi 59 qui nous occupe avait un autre sens que celui que nous lui attribuons, Julien ne serait pas seulement en contradiction avec lui-même, il le serait encore avec l'école de Sabinus et de Cassius, dont il est cependant un adepte zélé : *Tanti litem æstimandam* CASSIUS *ait quanti fuisset eo die quo dari debuit ; si de die nihil convenit, quanti tunc cum judicium acciperetur* (1).

Nous pensons avoir fait justice de tous les arguments au moyen desquels on a voulu établir que l'estimation doit être faite au jour de la formation du contrat. Mais nous n'en avons pas fini avec les contradictions, et un second système a été produit.

168. II. L'estimation doit être faite au jour où la chose a atteint sa plus grande valeur, depuis la demande jusqu'à la condamnation.

En effet, dit-on dans cette opinion, pourquoi s'arrêter précisément au jour de la *litiscontestatio* ? On comprendrait cette décision si, sans contester la légitimité de la demande, le débiteur paye immédiatement ; alors il n'est pas en demeure. Mais s'il accepte le jugement, s'il refuse de payer, sur l'interpellation du créancier, il doit chaque jour une chose déterminée, et il la doit avec toutes ses variations de valeur. En un mot, *unicuique sua mora nocet* (2). Il serait injuste que le débiteur en demeure trouvât un avantage à ne pas payer avant la condamnation, et c'est ce qui arriverait si le vin a augmenté de valeur depuis la *litiscontestatio ;* la loi ne l'a pas voulu : *in stipulatione, id tempus spectatur, quo agitur : nisi forte aut per promissorem steterit, quo minus sua die solveret, aut per creditorem quo minus acciperet : et enim, neutri eorum frustratio sua prodesse debet* (3).

L'équité sera sauvegardée, au contraire, si l'estimation se fait d'après la plus haute valeur de la chose dans l'intervalle de la *litiscontestatio* à la condamnation. On procure ainsi au créancier tous les avantages qu'il aurait eus si le débiteur n'avait pas été en retard.

(1) D., 13, 3, De cond. trit., 4 (Gaius).
(2) D., 50, 17, De reg. jur., L. 173, § 2 (Paul.).
(3) D., 17, 1, Mandati, L. 37 (Afr.).

169. Avant de passer en revue les textes fournis à l'appui de cette doctrine, nous repondrons immédiatement à ce premier argument qui repose uniquement sur l'équité et sur la maxime : *unicuique sua mora nocet.*

Nous aussi nous reconnaissons l'équité de la maxime ; mais nous pensons que nos adversaires ne l'ont pas bien comprise. Avec l'extension qu'ils lui accordent, on ne sait où s'arrêteraient les prétentions du créancier. Celui-ci pourrait demander tout ce qu'il voudrait, sous prétexte que la demeure doit nuire à son débiteur. Or le texte même qu'on nous oppose vient limiter ces prétentions. Paul, après avoir dit : *omnis utilitas emptoris in æstimationem venit* , ajoute : *quæ modo circa ipsam rem consistit, neque enim, si potuit ex vino (puta) negotiari, et lucrum facere, id æstimandum est..... Nec major fit obligatio, quod tardius agitur, quamvis crescat, si vinum hodie pluris sit* (1). Nous reviendrons tout à l'heure sur ce texte important, qui, dans les deux systèmes, est une arme puissante ; mais actuellement, nous n'avons à combattre que l'interprétation beaucoup trop large donnée à la maxime qui nous occupe.

170. La *mora* nuit au débiteur, en ce sens que du jour où elle existe, la chose due prend un état invariable, ne peut plus diminuer de valeur, ne peut plus périr ; en un mot, *mora perpetuatur obligatio.* Paul le dit ailleurs en toutes lettres : *Sequitur videre de eo quod veteres constituerunt, quotiens culpa intervenit debitoris,* PERPETUARI OBLIGATIONEM, *quemadmodum intelligendum sit* (2).

La *mora* perpétue l'obligation ; elle nuit au débiteur *in re debita.* Nous comprenons donc la solution que nous combattons s'il s'agit d'un corps certain , lequel ne pouvant plus périr, et passant par diverses valeurs, est dû dans tous ses états depuis la demeure ; la *mora* nuit alors *in re debita* , mais nous ne pouvons en dire autant de l'objet d'un *mutuum;* c'est une quantité , ce n'est pas une chose déterminée. L'emprunteur devait une barrique d'un vin désigné lors de la *litiscontestatio* , le prêteur ne lui réclamait pas telle barrique particulière, mais en général un vin qui valait 100 ;

(1) D., 19, 1, De act. empt., L. 21, § 2.
(2) D., 45, 1, De verb. obl., 91, § 3 (Paul.).

et depuis la demeure, la *res debita* n'est pas une barrique spéciale, changeant de prix chaque jour, c'est une valeur de 100, qui ne peut plus changer.

171. Il nous reste à examiner les textes sur lesquels est fondée la doctrine que nous repoussons.

172. 1° On lit au Digeste : *Si post moram deterior res facta est, Marcellus scribit habendam æstimationem quanto deterior res facta sit* (1).

173. Ce que nous avons dit pour combattre l'interprétation donnée à la maxime *unicuique sua mora nocet*, nous pourrions le répéter ici : Ulpien n'a en vue dans la loi 3, *De condictione triticaria*, que des corps certains ; il dit en effet, à la ligne précédente : *Si vero desierit esse in rebus humanis :* un corps certain peut seul périr ; les quantités sont immortelles : la *mora* nuisant alors *in re debita*, nous admettons parfaitement qu'il faille tenir compte des variations de la chose due ; mais nous savons qu'il ne peut plus en être de même lorsque l'objet du contrat est une quantité.

174. 2° On nous oppose ensuite la loi 8, § 1, *De condictione furtiva*, qui est ainsi conçu : *Si ex causa furtiva res condicatur, cujus temporis æstimatio fiat, quæritur : placet tamen id tempus spectandum quo res unquam plurimi fuit ; maxime quum deteriorem rem factam dando fur non liberatur : semper enim moram fur facere videtur* (2) : c'est donc parce que le voleur est toujours en demeure, qu'il doit la valeur la plus haute que la chose volée a jamais atteinte depuis le moment du vol : pourquoi n'en serait-il pas de même pour le débiteur ordinaire, dès qu'il est en demeure ?

175. Notre réponse est déjà faite : puisqu'il s'agit d'une chose volée, la loi ne s'applique qu'à des corps certains.

176. Toute la force de nos réponses repose, comme on le voit, sur une distinction essentielle entre les dettes de quantités et celles de corps certains : ce ne sont pas les interprètes du droit qui ont inventé cette distinction pour les besoins de leurs argumentations ; elle est faite par les jurisconsultes romains eux-mêmes, qui ont soin de ne pas employer les mêmes expressions, suivant qu'il s'agit

(1) D., 13, 3, De cond. trit., 3 (Ulp.).
(2) D., 13, 1, De cond. furt., L. 8, § 1 (Ulp.).

d'une hypothèse, ou de l'autre. Ainsi, parlent-ils de la *mora*, ils prendront toujours pour exemple *res certa*, ou si les mots ne sont pas textuellement écrits, le sens ressortira du corps de la loi, dans lequel on trouvera toujours *si res perierit*, ou *si res desierit esse in rebus humanis*. — Au contraire, le jurisconsulte prend-il pour exemple *vinum*, *oleum*, *frumentum*, toujours il se reportera au *tempus constitutum*, ou bien au *tempus litis contestatæ*. Il suffit, pour se convaincre de la vérité que nous avançons, de lire attentivement les textes que nous avons eu l'occasion de citer dans cette discussion.

177. 3° On revient, pour nous l'opposer, sur une loi déjà citée (1) et dont nous demandons la permission de rappeler les termes : *Cum per venditorem steterit quo minus rem tradat, omnis utilitas emptoris in æstimationem venit : quæ modo circa ipsam rem consistit....... Nec major fit obligatio quod tardius agitur, quamvis crescat, si vinum hodie pluris sit; merito : quia sive datum esset, haberet emptor, sive non; quoniam saltem hodie dandum est, quod jam olim dari oportuit* (2).

Paul, disent nos contradicteurs, se reporte à la demeure du débiteur pour faire l'estimation; cela est évident : c'est son point de départ : *cum per venditorem steterit*, etc. En outre, il semble prendre soin de combattre l'objection que nous avons faite plus haut : en effet, on peut devoir davantage, dit le jurisconsulte, si le vin a augmenté de valeur; mais cela ne change pas l'obligation (*non major fit obligatio*), qui porte toujours sur la même quantité et la même qualité de vin; de sorte que la *mora* nuit *in re debita*, et ne crée pas une obligation nouvelle, bien que le créancier soit en droit d'exiger la plus haute valeur du vin : *quamvis crescat, si vinum hodie pluris sit;* en d'autres termes, l'obligation n'est pas plus grande parce qu'elle porte sur un objet plus cher.

178. Notre réponse sera tirée du texte même que l'on nous oppose. Paul parle, il est vrai de la demeure; il la prend même pour point de départ : nous l'accordons; mais est-ce à dire qu'il s'y reporte nécessairement pour faire l'estimation? Si cela était, le juris-

(1) N° 169.
(2) D., 19, 1, De act. empt., L. 21, § 2 (Paul.).

consulte serait en contradiction flagrante avec lui-même. Rappelons en effet une loi qui, dans une autre opinion, nous a déjà été opposée, nous voulons dire la loi 3, § ult., *De act empti* (1): elle est de Paul aussi, et nous y lisons que, pour faire l'estimation, il faut se reporter au jour *vel quo venit, vel quo lis in condemnationem deducitur*. Quelle que soit l'interprétation que l'on donne aux mots *dies quo venit*, alors même que l'on repousserait celle que nous avons proposée, on n'y verra pas la *mora*. Donc Paul ne peut pas, dans la loi 21, indiquer le jour de la demeure pour y faire l'estimation; s'il en a parlé, c'est qu'il fallait bien qu'il déterminât un instant avant lequel on doit la chose elle-même, après laquelle on en doit l'estimation. C'est ailleurs, c'est dans la loi 3, que le jurisconsulte a déterminé le jour auquel doit se faire l'estimation; il s'occupe ici d'une autre question, et c'est précisément pour donner une décision diamétralement opposée à celle que proposent nos contradicteurs. On voulait que l'obligation du débiteur grandît en raison de sa demeure; Paul au contraire ne le veut pas : *non major fit obligatio quod tardius agitur.*

178 bis. Mais on nous objectera les mots suivants : *quamvis crescat, si vinum hodie pluris sit. Hodie*, n'est-ce pas le jour de la condamnation?

Non, *hodie*, c'est le jour *quo agitur;* c'est l'instant de la *litis-contestatio!* En effet, le jurisconsulte dit que l'obligation ne doit pas être augmentée parce que l'on agit plus tard, *quod tardius agitur*, et que cependant le prix réclamé peut être plus fort que l'estimation de la chose au jour du contrat : *quamvis crescat;* et cela aura lieu si la valeur de la chose est aujourd'hui *quand on agit*, plus forte que lors du prêt : c'est la consécration de notre système.

179. 4° On nous oppose enfin la loi même sur laquelle repose toute notre doctrine, la loi **22**, *De rebus creditis.*

Ou le jour pour la restitution a été fixé, ou il ne l'a pas été. Dans la première hypothèse, la loi 22 porte : *Si dictum esset quo tempore redderetur, æstimatio fieri debet quanti tunc fuisset.* Or, ce jour-là, le débiteur est en demeure, sans que le créancier ait besoin d'aucune manifestation de sa volonté : *cum ea quæ pro-*

(1) N° 160.

misit, ipse in memoria sua servare, non ab aliis sibi manifestari debeat poscere (1). C'est donc par suite de cette demeure que l'estimation est fixée à ce jour-là ; mais le lendemain, mais les jours suivants, il n'est pas moins *in mora;* si donc le vin augmente de prix, l'estimation augmente aussi, car elle est faite au jour de la demeure, quel que soit celui que l'on choisisse, aussi bien que si elle l'était le premier jour.

Si, au contraire, l'époque du payement n'a pas été déterminée, la même loi porte : *Si dictum non esset æstimatio, fieri debet quanti tunc cum petitum esset.* Les mots *cum petitum esset* sont généraux et s'appliquent à toute interpellation, même extra-judiciaire; or, il suffit d'être interpellé d'une façon quelconque, et de ne pas payer, pour être par cela même constitué en demeure : *mora fieri intelligitur non ex re, sed ex persona, id est si interpellatus oportuno loco, non solverit* (2). Donc, c'est encore par suite de la demeure que le jurisconsulte fixe au jour de l'interpellation l'estimation qui doit être faite.

180. Nous avons réponse à cette double argumentation. Prenons d'abord la première hypothèse : le jour de la restitution a été fixé. C'est à ce jour-là, *tunc,* et non aux suivants, que l'estimation doit être faite, non parce qu'il y a demeure, mais parce que c'est l'époque que les parties ont eue en vue lorsqu'elles ont contracté. Y a-t-il demeure ce jour-là? Nous n'en savons rien, et nous trouvons nos adversaires bien téméraires de s'appuyer sur un point assez obscur pour que Justinien ait dit, dans le préambule de la constitution qu'on nous oppose, lorsqu'il généralise cette maxime douteuse : *dies interpellat pro homine : Nos, magnam legum veterum obscuritatem amputantes!*

Supposons, au contraire, que l'époque de la restitution n'ait pas été déterminée; l'estimation doit être faite au jour *quo petitum esset;* or *petere,* c'est demander en justice; il est impossible d'équivoquer à cet égard, et le sens de ce mot est clairement expliqué en plusieurs endroits du Digeste; pour n'en citer qu'un seul, nous lisons, toujours dans le même jurisconsulte Paul : *Amplius non*

(1) C., 8, 18, De cont. et com. stip., L. 12 (Just.).
(2) D., 22, 1, De usuris, L. 32 (Marcianus).

6

peti, verbum Labeo ita accipiebat, si judicio petitum esset. Si autem in jus eum vocaverit, et satis judicio sistendi causa acceperit, judicium tamen non cæptum fuerit, ego puto non committi stipulationem : Amplius non peti : hic enim non petit, sed petere vult (1). Il s'agit d'un individu qui a promis *amplius non petere*; il ne manque à sa promesse qu'au moment où il reçoit la formule; alors même qu'il aurait appelé son adversaire en justice, s'il s'arrête à temps, s'il acquiesce, il n'encourt pas la clause pénale qu'il a promise, car il n'a pas réclamé en justice; il a eu seulement l'intention de lo faire.

181. Mais les textes ne sont pas seuls ici à démontrer que nécessairement le jurisconsulte avait en vue la *litiscontestatio*, lorsqu'il disait : *cum petitum esset*. Le bon sens seul eût suffi pour écarter toute autre supposition. Paul, en effet, doit répondre à la question qui lui est faite; or la loi commence par ces mots : *vinum per judicem petitum est. Quæsitum est*, etc. On l'interroge sur la *litiscontestatio* : sa réponse doit donc porter aussi sur la *litiscontestatio*.

182. III. Enfin, un troisième système a été proposé. L'estimation doit être faite au jour de la condamnation.

1° On s'appuie sur un texte que nous avons rencontré dans une autre opinion (2), la loi 3, *De condictione triticaria*; elle commence ainsi : *In hac actione, si quæratur, res, quæ petita est, cujus temporis æstimationem recipiat, verius est, quod Servius ait, condemnationis tempus spectandum.*

Nous avons déjà répondu à cette objection : en effet, plus loin Ulpien ajoute : *Si vero desierit res esse in rebus humanis... Si deterior res facta sit.* Il s'agit donc de corps certains, et nous comprenons qu'il faille alors faire l'estimation au jour de la condamnation, non peut-être pour la payer, mais pour la comparer aux autres valeurs de la chose depuis la *litiscontestatio*.

183. 2° Enfin, on oppose encore un texte déjà connu : la loi § 3, *De actionibus empti*, décide que l'estimation doit être faite, soit au jour *quo venit obligatio*, soit au jour *quo lis in condemna-*

(1) D., 46, 8, Rem. rat. hab., L. 18 (Paul.).
(2) N° 172.

tionem deducitur. Or, dit-on, le jour *quo lis in condemnationem deducitur*, c'est le jour de la condamnation.

184. Nous reconnaissons avec nos adversaires qu'on peut traduire ainsi les mots dont il s'agit; mais il faut qu'on reconnaisse avec nous que les mêmes mots peuvent s'entendre de la *litiscontestatio*. Lorsque le magistrat délivre la formule, c'est un acheminement à la condamnation, et notre texte peut s'entendre *quo lis* IN FUTURAM *condemnationem deducitur*.

Ulpien emploie certainement ce mot *condemnatio* pour l'instant où l'on est encore devant le préteur, lorsqu'il dit : *Exceptio est quæ interponi cujusque rei actioni solet ad excludendum id quod in intentionem condemnationemve deducitur* (1). Si l'on était devant le juge, il serait certainement trop tard pour demander une exception; et cependant le jurisconsulte dit : *Lis in condemnationem deducitur* : on est donc encore devant le magistrat, et il s'agit du temps de la *litiscontestatio*.

185. Nous avons terminé cette longue discussion, et nous savons maintenant à quelle époque il faut se reporter pour faire l'estimation des choses à restituer. Mais si le prix des choses varie avec les temps, il ne varie pas moins suivant les lieux. Julien a prévu cette difficulté; il décide, dans la loi 22, tant de fois citée, que l'estimation doit être faite au lieu déterminé pour la restitution, et si ce lieu n'est pas désigné dans le contrat, *ubi esset petitum* : or le créancier a droit d'agir, soit au domicile du défendeur, soit à l'endroit où le contrat a été fait (2). Cujas, dont nous avons combattu l'opinion relativement au temps de l'estimation, reconnaît qu'on décide du lieu par les mêmes raisons qu'on décide du temps : *eamdem esse rationis temporis et loci...* Notre solution était donc commandée d'avance par celle que nous avions adoptée à l'égard de l'époque où doit se faire l'estimation.

(1) D., De except., 44, 1, L. 2.
(2) De judiciis, 5, 1, L. 19, §§ 1 et 2 (Ulp.).

ARTICLE II.

OU LA RESTITUTION DOIT-ELLE ÊTRE FAITE ?

186. Dans le silence de la loi à cet égard, on a suivi communément la solution que propose Voët (1) : si le lieu a été fixé par le contrat, c'est là que doit être faite la restitution. Aucun doute ne saurait s'élever sur ce premier point.

187. Mais si la convention ne l'explique pas, Voët décide qu'il faut restituer au lieu où s'est fait le contrat. C'est en effet la solution la plus équitable, et d'après laquelle on risque le moins d'occasionner un préjudice à l'une des parties.

ARTICLE III.

QUAND LA RESTITUTION DOIT-ELLE ÊTRE FAITE ?

188. La restitution doit être faite au temps fixé par le contrat. S'il n'y a pas eu de détermination à cet égard, on s'accorde pour concéder un délai tacite, fondé sur l'intention évidente des parties. A quoi, en effet, servirait la convention, si l'emprunteur n'avait pas le temps de tirer usage de la chose qu'on lui a prêtée? Il y a analogie complète avec la position du commodataire; or nous lisons : *Intempestive usum commodatæ rei auferre, non officium tantum impedit, sed et suscepta obligatio inter dandum accipiendumque* (2). C'est manquer à ses engagements que de réclamer trop tôt.

(1) De reb. cred., n° 19.
(2) D., 13, 6, Com., L. 17, § 3 (Paul.).

SECONDE PARTIE.

CODE NAPOLÉON.

1. Le Code Napoléon consacre un très-petit nombre d'articles (1892 à 1905) au prêt de consommation. Nous devons reconnaître aussi que les tribunaux ont eu rarement l'occasion de rendre des décisions importantes sur cette matière. Ne nous en plaignons pas : si le juge n'est pas souvent appelé à décider les contestations en matière de prêt, c'est que le contrat, au point de vue sous lequel nous l'avons envisagé dans tout le cours de cette étude, est éminemment un contrat de bienfaisance; il est heureux que les luttes judiciaires aient rarement dénaturé l'esprit de générosité qui doit inspirer le prêteur, et l'esprit de reconnaissance que l'emprunteur ne devrait jamais perdre. Si notre Code est laconique à l'égard du simple prêt, cela tient à ce qu'un pareil contrat repose sur des idées innées de bon sens et d'équité : ce qui n'est pas écrit dans la loi française l'est dans la loi romaine; et celle-ci même étant silencieuse, l'esprit éclairé et droit du juge sera suffisant pour lui dicter une sage décision.

Cela ne nous a pas empêché de chercher à éclaircir, avec tout le soin dont nous sommes capable, les règles sur lesquelles il nous semblait qu'une difficulté pouvait s'élever; or les occasions nous ont manqué beaucoup moins qu'on ne pourrait le croire au premier abord, parce que, s'il est vrai que les contestations sont rares, les points qui peuvent leur donner naissance sont nombreux; il est donc utile de n'en point oublier; car, si l'on nous permet de citer un vieil adage qui n'est pas déplacé dans un pareil sujet, *les bons comptes font les bons amis*, et les lois précises, les règles complètes, les principes lucides, empêchent les procès et les subtilités de la chicane dans une matière où l'on ne devrait jamais rencontrer que des sentiments de bienveillance.

2. Dans un premier chapitre, nous étudierons la nature du prêt; nous montrerons que c'est un contrat consensuel, tantôt

synallagmatique et tantôt unilatéral ; enfin, que c'est un contrat de bienfaisance.

Le chapitre second sera consacré aux conditions qui sont essentielles à la validité du contrat. 1° Le prêt doit avoir pour objet des choses fongibles, c'est-à-dire des choses qui peuvent se remplacer les unes les autres; mais nous montrerons que cette qualité de choses fongibles dépend de l'intention des parties plutôt que de la nature des choses elles-mêmes. 2° Le prêteur doit transférer à l'emprunteur la propriété de l'objet prêté : de ce grand principe découleront les conséquences les plus importantes sur la capacité du prêteur, et sur sa qualité de propriétaire et d'administrateur. 3° Enfin, l'emprunteur doit être capable de s'obliger.

Dans le chapitre troisième, nous expliquerons la nature des obligations du prêteur. Enfin, le quatrième et dernier chapitre sera consacré aux obligations de l'emprunteur.

CHAPITRE PREMIER.

DE LA NATURE DU PRÊT DE CONSOMMATION.

3. I. Le prêt de consommation est un contrat *consensuel*.

Nous n'ignorons pas combien cette opinion a peu de partisans : presque tous les auteurs, encore imbus des idées romaines, voient dans le prêt un contrat *réel*, qui n'existe que depuis et par la tradition de la chose.

4. C'est une question délicate et qu'il importe de bien éclaircir ; en effet, si le prêt, chez nous, n'est pas un contrat réel, et existe indépendamment de toute tradition, la chose est aux risques de l'emprunteur par le fait seul de la convention.

5. On pense au contraire communément que, jusqu'à la livraison, le contrat intervenu n'est pas un prêt, mais simplement une promesse de prêt. Sans doute on admet une grande latitude dans ce qu'il faut entendre par le mot *tradition*, et les circonstances de fait seront importantes à cet égard. Mais il n'en est pas moins vrai que, suivant la doctrine générale, il faut une livraison matérielle ou *fictive*; il faut que, d'une manière quel-

conque, la chose prêtée soit à la disposition actuelle et immédiate de l'emprunteur. C'est toujours la rigueur du droit romain, seulement avec les adoucissements auxquels avaient prélude les anciens jurisconsultes, et qu'ont perfectionnés ceux de notre siècle, et l'on en conclut qu'avant la tradition, la chose périt ou se détériore pour le prêteur.

6. Malgré ces autorités, si imposantes par leurs noms et par leur nombre, nous ne pensons pas que le prêt soit un contrat réel : c'est, à notre avis, un contrat purement consensuel, aussi bien que la vente ou le louage, qui existe avec toutes ses conséquences de droit, par l'accord seul des volontés entre les parties contractantes.

7. Cependant nous n'allons pas aussi loin que Toullier. Le savant auteur, traitant de la classification des contrats en général, assure que la dénomination de contrat réel n'est presque d'aucun usage dans notre jurisprudence, et que le Code l'a passée sous silence, précisément parce qu'elle ne sert à rien dans la pratique (1).

C'est là une double erreur. Quant à l'utilité de la distinction, nous l'avons déjà montrée, et nous y reviendrons encore à propos de l'art. 1138.

Quant au silence du Code à cet égard, Toullier se trompe encore; et si le législateur n'a prononcé nulle part le mot, il a nettement défini la chose. En effet, le contrat réel par excellence, c'est le dépôt; le bon sens seul indiquait qu'on ne peut être préposé à la garde d'un objet, et obligé de le restituer que si on l'a reçu soi-même; aussi nous lisons dans l'art. 1919 : *Il n'est parfait que par la tradition réelle ou feinte de la chose déposée.* Voilà bien la définition du contrat réel.

Toullier n'est donc pour nous d'aucun secours, puisque nous repoussons les armes qu'il pourrait nous fournir.

8. Grâce aux progrès du raisonnement et de la civilisation, notre droit moderne attribue à la simple volonté des parties les effets les plus larges et les plus importants. La rigueur des formes, l'accomplissement matériel de certains actes n'est plus qu'une très-rare exception, qui a besoin, pour être reconnue, que la loi s'en explique

(1) T. VI, n° 17.

formellement : c'est ce qu'elle a fait pour le dépôt dans l'art. 1919, et ce qu'elle n'a pas fait au contraire pour le prêt.

Le principe général du droit français est posé dans l'art. 1138, qui signifie, malgré sa rédaction un peu embarrassée, que le seul consentement des parties contractantes suffit pour transférer la propriété.

Nous le verrons bientôt, c'est une condition essentielle du prêt que l'emprunteur devienne propriétaire de l'objet prêté. Or cette condition est accomplie dès que la convention est intervenue entre l'emprunteur et le prêteur. Donc le vœu de l'art. 1892 est aussi accompli par le seul effet de cette convention. *Le prêt de consommation est un contrat par lequel une des parties livre.* (lisez *transfère la propriété) à l'autre une certaine quantité*, etc.

Tout cela se réduit au syllogisme le plus clair et le plus évident :

Le prêt existe dès que l'emprunteur est devenu propriétaire de la chose; or, en vertu de l'art. 1138, la convention opère translation de propriété; donc le prêt existe en vertu de la convention seule.

9. Sans doute, certaines circonstances peuvent empêcher que la convention soit par elle-même translative de propriété : nous voulons parler du cas où elle aurait eu pour objet une quantité. Alors, tant que la chose n'est pas, sinon livrée, du moins déterminée, et transformée par cette détermination en un corps certain, il est clair que l'emprunteur n'est pas propriétaire, mais seulement créancier d'une quantité qui ne peut pas périr entre les mains du débiteur.

10. Mais ceci est-il particulier au prêt? n'en est-il pas absolument de même dans la vente? Cependant personne n'a jamais, que nous sachions, traité la vente de contrat réel.

11. Nous n'admettons pas non plus l'opinion d'un auteur (1), qui qualifie le prêt tantôt de contrat réel, tantôt de contrat consensuel, suivant qu'il a pour objet une quantité ou un corps certain.

Le même contrat ne peut pas changer de nature suivant son objet; une pareille théorie serait la négation de toute classification des contrats en droit français. Pour être conséquent, il faudrait en dire

(1) M. Mourlon, 3e examen.

autant de la vente, et la traiter de contrat réel lorsqu'elle a pour objet une quantité. Non! la vente, comme le prêt, comme toute convention ayant pour but une translation de propriété, est actuellement consensuelle, puisque la convention seule transfère la propriété depuis l'innovation introduite par l'art. 1138. Nous ne faisons pas de restriction; en effet, qui dit vente ou prêt, sous-entend la nécessité de déterminer l'objet vendu ou prêté : à défaut de cette détermination, nous comprenons parfaitement qu'il n'y ait qu'une promesse de vente ou une promesse de prêt, une créance par conséquent, et non pas une translation de propriété : le bon sens seul indique en effet que pour transférer la propriété d'*une chose*, il faut que cette *chose existe;* or elle n'existe que si elle est déterminée. Avant la détermination dont il s'agit, nous voyons le projet de vendre où de prêter une chose qui existera plus tard; mais nous ne voyons ni prêt ni vente actuels, car ces contrats n'ont pas encore d'objet.

12. Il ne faudrait pas confondre cette détermination indispensable avec la tradition : tomber dans une confusion pareille, ce serait rayer du Code l'art. 1138, et dire qu'en droit français, tous les contrats translatifs de propriété sont réels.

Autre chose est livrer un objet, matériellement ou fictivement, ou bien le déterminer, et lui donner une existence propre et individuelle. Un exemple fera bien sentir la différence que nous voyons entre ces deux opérations. Je veux rendre service à un ami, et lui prêter 1,000 francs : mais ces 1,000 francs, il n'en aura besoin que le mois prochain, et d'ici là, il pourrait en faire un mauvais usage; je ne les mets donc pas actuellement à sa disposition, c'est-à-dire que je ne lui en fais pas en la tradition. Mais pour me rappeler le service que je veux rendre, je mets un billet à part, et ne le laisse pas dans ma caisse habituelle. Alors j'avertis mon ami de mes intentions à son égard, et il accepte mes offres : voici une convention, portant sur un objet déterminé, qui n'est cependant pas à la disposition actuelle de l'emprunteur; il n'y a pas *res*, pas de tradition, mais détermination des 1,000 francs prêtés.

Suivant l'opinion que nous combattons, il n'y aurait pas prêt actuel, mais une simple promesse.

A notre avis, au contraire, le prêt existe dès l'instant de la convention, qui était, par elle-même et en vertu de sa propre force, translative de propriété, conformément au principe de l'art. 1138.

13. Il en résulte cette importante conséquence que la chose est immédiatement, et dès l'instant de la convention, aux risques de l'emprunteur. Si donc nous nous reportons à l'exemple précédent, mon ami me devra les 1,000 francs que j'ai mis à part pour lui, si des voleurs forcent mon secrétaire et y prennent les billets que j'y avais mis, avant le jour fixé pour la délivrance.

14. Nous sommes ici en contradiction avec presque tous les auteurs, et principalement avec M. Troplong. Mais le savant magistrat n'apporte pas d'argument à l'appui de son opinion ; il se contente de dire que l'article 1138, ne s'appliquant qu'aux contrats qui transfèrent la propriété par la seule énergie du consentement, ne saurait être de mise ici, puisque la convention du prêt n'a pas de vertu translative actuelle (1).

15. N'est-ce pas résoudre la question par la question ? Nous comprendrions qu'on exigeât pour le prêt autre chose qu'une translation de propriété ; nous comprendrions qu'outre cette translation, on jugeât indispensable le fait matériel de la détention : ce serait alors une arme sérieuse contre notre doctrine. Mais nier le transport lui-même de la propriété, par la force du consentement, est-ce possible en présence de l'article 1138 ? Nous ne le pensons pas, et nous nous trouvons ainsi doublement en désaccord avec le savant magistrat.

16. Nous devons revenir sur l'argument que nous avons nous-même fourni à nos contradicteurs : faut-il autre chose que le transport de la propriété pour constituer un prêt ? Nous ne trouvons nulle part la justification de cette nécessité.

17. Serait-elle dans la loi romaine ? Mais si la tradition était alors nécessaire, c'est qu'elle seule pouvait transférer la propriété : elle n'avait pas d'autre but que d'accomplir cette condition, indispensable à l'existence du *mutuum*.

18. Serait-elle dans le Code Napoléon ? Sans doute l'article 1892 emploie le mot *livre* : mais l'article 1138 ne dit-il pas aussi : l'obligation de *livrer* est parfaite par le seul consentement ? Lorsque le

(1) Du prêt, n° 184.

législateur veut appuyer sur la signification de livraison matérielle,
il a soin d'employer les termes les plus clairs et les plus précis ; ainsi
l'article 1915 est ainsi conçu : Le dépôt est un acte par lequel *on
reçoit* la chose d'autrui. — Et encore il ne s'en contente pas , il
ajoute l'article 1919, dans lequel il exige la tradition matérielle ou
feinte ! Il y a bien loin de là au mot impropre de l'article 1892.

19. Cette justification serait-elle enfin dans des principes de justice et d'équité ? On l'a dit ; on s'est révolté contre cette rigueur qui
force l'emprunteur à restituer une chose dont il n'a pas profité.

Mais cette rigueur n'est-elle pas écrite dans la loi pour l'acheteur ?
Or s'il faut faire une différence entre l'emprunteur et l'acheteur, il
nous paraît qu'elle devrait être à l'avantage de celui-ci. En effet, la
vente est faite dans l'intérêt des deux parties : le prêt, au contraire,
n'est conclu qu'en faveur de l'emprunteur ; c'est donc pour celui-ci
qu'il faut être le plus sévère ; et c'est aussi pour le prêteur qu'on
doit montrer la plus grande indulgence , pour lui qui n'a pas d'autre
but que de rendre service !

L'acheteur n'a pas été plus heureux que l'emprunteur : ni l'un
ni l'autre n'a eu les bénéfices du contrat ; ou plutôt, tous deux ont
eu le même droit, celui de vendre à terme la chose qui n'était pas
encore livrée.— Leurs positions sont identiques ; et encore une fois,
si quelqu'un devait être mieux traité , ce serait l'acheteur.

20. Il nous semble donc impossible de ne pas admettre cette
conséquence d'un principe, qui n'est pas moins conforme à l'équité
qu'au texte même de la loi.

21. Cette doctrine nous paraît avoir servi de base à une décision
importante, rendue le 7 décembre 1836 par la Cour royale d'A-
miens. Un prêt de 20,000 francs était consenti par acte notarié,
avec une garantie hypothécaire. Le jour même, l'argent est remis
au notaire qui a rédigé l'acte, mais ·que l'emprunteur n'avait pas
désigné pour dépositaire, avec mandat de ne s'en dessaisir qu'autant et à mesure que l'emprunteur justifierait de l'exactitude de ses
déclarations hypothécaires. Le notaire délivre ainsi, en plusieurs
fois , une somme de 13,000 francs, puis il se sauve en Belgique,
emportant tous les fonds confiés à son étude. L'emprunteur réclame les 7,000 francs qui restaient à lui payer, et prétend qu'ils
ont péri pour le compte du prêteur. Le tribunal d'Amiens, puis la

Cour royale repoussent cette prétention, avec ce considérant, important pour nous :

Attendu que par la signature l'acte était parfait, que les prêteurs ne pouvaient plus garder les fonds, PUISQU'ILS ÉTAIENT LA CHOSE DE L'EMPRUNTEUR.

22. II. *Le prêt est un contrat, tantôt synallagmatique, et tantôt unilatéral.*

On a beaucoup débattu la question de savoir si les devoirs imposés par le Code au prêteur ne faisaient pas toujours du prêt un contrat synallagmatique. — Nous ne le pensons pas, et nous espérons démontrer, au chapitre III, que ces devoirs ne constituent pas des obligations véritables, nées du contrat.

23. Les obligations dont parle le Code sont de deux sortes : la première consiste à indemniser l'emprunteur pour les vices cachés de la chose : nous montrerons qu'elle dérive des principes généraux du droit, et non du prêt lui-même. — La seconde consiste à ne pas réclamer la restitution avant le terme fixé : nous montrerons aussi que ce n'est pas une obligation, mais l'absence d'un droit.

24. Si donc nous avons dit que le prêt est quelquefois synallagmatique, cette circonstance ne tient pas à ce que le Code appelle les obligations du prêteur ; mais nous avons classé le prêt parmi les contrats consensuels : il en résulte que si la chose est déterminée dès l'instant de la convention, si, par conséquent le prêt, pour exister immédiatement, n'a pas besoin de la tradition, une véritable obligation incombe au prêteur : celle de livrer, et alors le contrat est synallagmatique ! Souvent, au contraire, le prêt n'existera qu'au moment de la livraison (on sait qu'il en est ainsi lorsque l'objet du contrat est une quantité indéterminée), et si nous parvenons plus loin à démontrer que les deux devoirs inhérents à la position de prêteur ne sont pas de véritables obligations, on voit qu'en pareille circonstance le contrat sera unilatéral.

25. Il ne faut pas d'ailleurs s'exagérer l'importance de cette distinction en contrat unilatéral et contrat synallagmatique. En effet, elle n'a trait qu'à la nécessité du *double* et à la résolution pour cause d'inexécution des conditions. Or la rédaction double d'une preuve écrite serait indispensable, par la force même des choses, et quelle que soit la qualification théorique que l'on adoptât lors-

que l'emprunteur veut exiger la délivrance, et plus tard lorsque
le prêteur réclame la restitution, chacune des parties doit avoir en
main la preuve de sa prétention. Cette rédaction double serait même
indispensable dans certains cas où, d'accord avec la majorité des
auteurs, nous reconnaissons que le prêt est unilatéral. Soit un
terme accordé après coup : l'emprunteur doit fournir une preuve
écrite pour repousser une réclamation anticipée.

Quant à la résolution pour cause d'inexécution des conditions,
il n'est pas possible de la supposer, en pareille matière, réclamée
par l'emprunteur. Quel avantage y trouverait-il en effet, lorsque le
premier résultat de la résolution serait d'avancer le terme ou d'empêcher la livraison? D'ailleurs, de quelles conditions pourrait-il
s'agir à la charge du prêteur? Celui-ci a-t-il demandé la restitution
avant le terme? Ce n'est pas là l'inexécution d'une condition; c'est
une demande anticipée, à laquelle on défend par une simple exception. N'a-t-il pas révélé les vices de la chose? C'est un quasi-délit
dont on demande la réparation. Il ne peut donc s'agir que de conditions particulières, imposées à l'emprunteur par le contrat : s'il
ne les remplit pas, on peut demander la résolution ; mais c'est-là
un principe général applicable à toute aliénation, et même au
prêt dans les cas où il est unilatéral.

26. III. Le prêt est un contrat de bienfaisance.

Par sa nature, le prêt est gratuit : mais ce n'est pas là une qualité essentielle; lorsqu'il est salarié, il devient le prêt à intérêts;
mais il n'en est pas moins licite, et il conserve les caractères essentiels
du prêt ordinaire. Le commodat, au contraire, est nécessairement
gratuit, et devient un louage ou un contrat innominé, du moment
où le prêteur reçoit un salaire.

27. Les anciens auteurs, et surtout les canonistes, ont insisté sur
la gratuité du prêt. C'était chose naturelle à une époque où un pareil contrat était prohibé comme un acte antichrétien. Aujourd'hui
les sages tolérances de la loi religieuse sont venues se joindre à l'autorisation formelle de la loi civile.

La cour de Rome elle-même a prescrit aux confesseurs de ne
plus troubler les consciences à l'égard du prêt à intérêt, et tout en
réservant son jugement définitif, elle paraît renoncer enfin à un
système de prohibition que les meilleurs esprits n'ont pu soutenir

que par des arguments peu dignes de la cause qui les appelait à son aide et des hommes qui s'en contentaient, à défaut d'armes plus sérieuses.

28. On conçoit donc que ce caractère du prêt n'ait plus la même importance aujourd'hui. Il ne faut cependant pas négliger de le faire ressortir. La distinction en contrats à titre onéreux et contrats de bienfaisance; faite par le législateur lui même dans les articles 1105 et 1106 du Code Napoléon, présente en effet une grande utilité pratique.

Nous n'avons besoin que de rappeler à cet égard les incapacités d'aliéner à titre gratuit, la responsabilité du prêteur, appréciée moins sévèrement parce qu'il n'a pas eu pour but un bénéfice, la nullité des actes à titre gratuit, faite par le failli dans les dix jours qui ont précédé la cessation de ses payements (1). Enfin, la position désintéressée du prêteur pourrait, dans une opinion adoptée par des esprits distingués, influer sur le sort des prêts qu'il a faits *en fraude* de ses créanciers. Le *concilium*, l'intention de nuire, ne serait pas nécessaire pour que ceux-ci pussent attaquer les prêts dont il s'agit, et ils n'auraient qu'à établir un préjudice a eux causé par le prêt qu'ils critiquent (2).

29. Qu'on ne s'étonne pas si un contrat est tout à la fois synallagmatique et à titre gratuit. Sans doute, le contraire arrivera le plus souvent; mais il n'en est pas moins vrai que le prêteur n'a pas l'intention de bénéficier au contrat; l'*onus* est pour lui seul, sans compensation, et le but unique qu'il se propose est de rendre service.

30. Nous avons vu que plusieurs jurisconsultes romains avaient exagéré cette idée, que le prêt est éminemment un contrat de bienfaisance; ils en tiraient cette conséquence qu'il n'y avait pas un véritable contrat de prêt, lorsque le prêteur ne le faisait pas de son plein gré, mais *quodam jure cogente*, en exécution d'une obligation précédemment contractée; ils disaient qu'alors le prêt n'est pas un bienfait, mais l'acquittement d'une dette (3). Déjà au temps de Julien, ou tout au moins lors de la compilation de Tribo-

(1) Art. 446 C. de C.
(2) Art. 1167 C. N.
(3) D., De reb. cred., L. 20 (Julien).

nien, on avait reconnu que cette décision n'est fondée que sur une subtilité.

A plus forte raison, sous l'empire de notre droit actuel qui, autant que possible, a banni toutes les subtilités, il n'est pas douteux qu'il y a prêt, alors même qu'il est effectué en exécution d'une obligation précédemment contractée. Sans doute, on ne retrouve plus là un bienfait accordé par le prêteur à l'emprunteur; mais si la bienfaisance est le mobile ordinaire de ce contrat, nous avons vu qu'elle n'en est pas le caractère essentiel.

31. A l'égard du prêt que fait un héritier à celui auquel le défunt avait, par une disposition testamentaire, ordonné qu'on prêtât, il renferme un bienfait, non pas, à la vérité, de la part de l'héritier, mais de la part du testateur qui l'avait ordonné (1).

CHAPITRE II.

CONDITIONS ESSENTIELLES A LA VALIDITÉ DU PRÊT.

ARTICLE PREMIER.

OBJET.

32. Il est évident qu'il ne peut y avoir de prêt de consommation s'il n'y a une certaine quantité de choses susceptibles de ce contrat, qui soit fournie par le prêteur à l'emprunteur, et qui soit la matière du prêt (2).

33. Quelles sont ces choses susceptibles d'être l'objet d'un prêt de consommation? Nous avons vu, quand nous nous sommes posé la même question en droit romain, que l'objet sur lequel porte le *mutuum* doit appartenir à la classe des choses *quæ pondere, numero, mensurave constant, quæ mutua vice fungi possunt,* en un mot des choses *fongibles.* En effet, la chose prêtée est devenue la propriété de l'emprunteur qui a le droit d'en faire tel usage qu'il l'entendra, même de la détruire. Sans doute il peut la conserver en nature, et nous ne saurions admettre avec Pothier, comme un

_____

(1) Pothier, Prêt de consommation, n° 19.
(2)   Id.   , n° 2.

caractère essentiel du contrat, que la chose soit prêtée pour être consommée. On a très-bien fait remarquer que cette nécessité n'existait pas (1). L'emprunteur, devenu propriétaire, disposera de la chose à son gré; il la consommera ou la gardera, peu importe à la perfection du contrat. Mais enfin, puisque le droit de consommation lui est acquis comme à tout propriétaire, et que souvent même ce sera le seul moyen de tirer profit de la convention; comme d'ailleurs, eût-il gardé la chose sans la détériorer, il n'est jamais tenu de la restituer identiquement, et qu'il doit rendre seulement une chose semblable et équivalente, il faut nécessairement, pour que le prêteur ne perde rien et se retrouve dans la même situation que s'il n'avait pas prêté, que l'objet du contrat soit susceptible d'être remplacé identiquement par un objet de la même nature. Les choses fongibles remplissent seules cette condition indispensable, et nous dirons, en droit français comme en droit romain, que les seules choses susceptibles d'être l'objet d'un prêt sont les choses fongibles.

34. Mais à notre avis, ce n'est pas là une limitation : toute chose dans ce monde peut être considérée comme fongible, et l'intention des parties est souveraine à cet égard. Qu'on fasse abstraction des qualités distinctives de l'individu, qu'on ne voie plus qu'une quantité, et rien ne sera impossible à remplacer. L'homme lui-même n'est-il pas une chose fongible, lorsque, désigné par le sort pour faire partie du contingent militaire, il paye un soldat qui sert à sa place? En effet, l'État ne considère plus alors le jeune conscrit comme doué de certaines qualités qui lui sont spéciales; ce n'est plus qu'une unité dans le nombre total que le canton doit fournir à l'armée.

Par conséquent, l'intention des parties contractantes suffit pour faire qu'une chose quelconque soit susceptible d'être l'objet d'un prêt de consommation.

35. Cependant le Code paraît exclure du contrat : 1° les choses qui ne se consomment pas par l'usage (art. 1892); 2° les choses qui, comme les animaux, diffèrent dans l'individu (art. 1894), bien qu'elles soient de même espèce.

(1) M. Bug., sur Pothier.

Nous n'admettons ni l'une ni l'autre de ces deux règles comme limitatives.

36. Et d'abord, qu'a entendu le législateur en disant, dans sa définition du prêt, que c'est un contrat par lequel l'une des parties livre à l'autre une certaine quantité *de choses qui se consomment par l'usage?* (1)

Nous pourrions répondre que tout ici-bas, soumis à une loi commune, fussent les objets qui, par leur solidité et leur destination, paraissent les plus immuables, s'use et se détériore, soit par l'emploi qu'on en fait, soit par l'effort du temps seul. Mais le Code n'a certainement pas eu en vue cette consommation lente et continue, qu'il appelle alors *détérioration;* il est facile de s'en convaincre en lisant l'art. 589 : *Si l'usufruit comprend des choses qui, sans se consommer de suite, se détériorent peu à peu par l'usage, comme du linge,* etc., et en le comparant avec les articles où le législateur, envisageant sans aucun doute les choses qui sont détruites instantanément par le premier usage que l'on en fait, emploie exclusivement le mot de *consommation;* nous rappellerons à cet égard les art. 587, 1851, 1878. Il ne s'agit donc ici que des choses qui se consomment tout de suite, et ne remplissent qu'une seule fois le but instantané auquel on les destine, comme les denrées, les liquides, les aliments (2).

37. Tenons-nous-en à cette dernière explication, et nous verrons encore que toute chose, sans aucune exception, peut être l'objet d'un prêt, car toute chose peut être, suivant l'intention des parties, destinée à un but fugitif qui, atteint une fois, ne peut pas l'être une seconde. Il y a d'abord la consommation naturelle, c'est-à-dire la destruction matérielle de l'objet; on a bu le vin; avec le blé on a fait de la farine, on a brûlé le bois.—Et même, sans dénaturer la substance de la chose, on l'a rendue incapable de servir à d'autres après qu'on s'en est servi soi-même : par exemple on a écrit sur du papier.

Mais il y a aussi ce que Pothier appelle la *consomption civile* (3), c'est-à-dire l'aliénation, sans destruction, de choses destinées à

(1) Art. 1892.
(2) Proudhon, Usuf., t. I, n°s 120 et 121.
(3) Prêt de consomption, n° 23.

être dépensées, comme l'argent, ou à être mises en circulation, comme les marchandises. — C'est bien là une consommation, car le but atteint, l'argent dépensé, la marchandise vendue, il n'est plus possible de recommencer l'usage qu'on en a fait.

(On voit que, dans le premier cas, personne ne peut plus faire usage de la chose prêtée, et que dans le second, c'est l'emprunteur seul que l'on considère, et pour lequel l'objet est définitivement perdu).

38. Tout réside donc ·.. dans la destination de la chose, et dans l'intention des parties, dont la toute-puissance égale le fait civil au fait naturel (1).

Par conséquent, un livre, qui certainement n'est pas détruit par la lecture qu'on en fait, pourra être l'objet d'un prêt de consommation, s'il est considéré comme marchandise, et destiné à être vendu par l'emprunteur. Ainsi, point de limitation dans la règle posée par l'art. 1892.

39. Il nous reste à examiner si l'art. 1894 exclut du prêt les objets qui, bien que de même espèce, diffèrent dans l'individu, comme les animaux. — Nous avons répondu par avance à cette question, lorsque nous avons parlé des choses fongibles, et nous avons montré que les parties, faisant abstraction des qualités spéciales qui distinguent les individus, peuvent ne plus considérer que leur poids, leur qualité, leur valeur, fussent des animaux. Il faut donc avouer que l'art. 1894 pourrait sans inconvénient être retranché du Code. Nous ne lui voyons pas d'autre utilité que d'établir une présomption en faveur d'un prêt à usage, toutes les fois qu'il s'agira d'un animal, sans qu'aucun indice vienne désigner la nature de prêt que les parties ont entendu faire, et sans qu'il soit possible de savoir si l'animal a été prêté, comme le dit Saumaise (2), *non ad usum, sed ad esum.*

(1) Troplong, Prêt, n° 176.
(2) De usuris., ch. 5, p. 89 et 90.

ARTICLE II.

TRANSPORT DE PROPRIÉTÉ.

40. Le prêteur doit rendre l'emprunteur propriétaire de l'objet prêté.

De ce principe, essentiel et caractéristique, vont découler les conséquences les plus importantes.

41. § I. La première et la plus importante de ces conséquences, c'était, en droit romain, la nécessité de la tradition. Nos auteurs modernes, qui reconnaissent aussi cette nécessité, et ne donnent pas à l'article 1138 la force qui lui appartient, examinent à cet égard toutes les hypothèses dans lesquelles, sans qu'il y ait tradition matérielle ni livraison manuelle de la chose, on arrive à un résultat identique au moyen de *traditions fictives* ou de *traditions de brève main*. Lorsqu'on passe en revue toutes ces espèces et sinon les décisions, du moins les raisons de décider, on se croirait au plus beau temps des subtilités romaines.

42. Pour nous, qui avons essayé de démontrer que le prêt est un contrat consensuel, nous ne trouvons ni difficulté ni intérêt dans les exemples divers présentés par les livres. Sans doute nous arrivons toujours aux mêmes résultats, mais ce n'est pas au moyen de détours et d'artifices qui ont fait leur temps ; nous avons préféré reconnaître la toute-puissance de la volonté, et ce progrès sur les anciennes idées nous paraît avoir été dans les intentions du législateur.

43. Soit, par exemple, un dépôt qu'une convention, passée entre le déposant et le dépositaire, vient transformer en un prêt. Cette transformation, dans l'opinion universelle, est possible et elle a lieu au moment de la seconde convention, si celle-ci est postérieure au dépôt ; ou bien au moment où le dépositaire manifeste l'intention de se servir pour lui de la chose déposée, si la convention primitive était ainsi conçue : « Vous pourrez, quand » vous le voudrez, vous servir, à titre de prêt, de la chose que je » dépose entre vos mains. » Nous aussi nous reconnaissons que le dépôt ne se convertira en un prêt qu'au moment de cette manifestation de volonté ; mais ce n'est pas une concession que nous faisons aux idées de nos adversaires, et, à nos yeux, le contrat ne perd pas pour cela sa nature consensuelle. Il faut nécessairement, en effet, dans la seconde hypothèse, que le moment précis où le dépositaire entend changer le titre auquel il détient la chose soit manifesté par un acte extérieur. Cet acte peut être l'usage lui-même, mais rien n'est moins indispensable; une simple déclaration suffira, et alors le nouveau contrat, comme en toute autre circonstance, résultera du concours entre les deux volontés du déposant, qui dès l'origine a voulu prêter, et du dépositaire, qui au moment de sa déclaration veut emprunter. Le déposant-prêteur, jusqu'à cette manifestation, avait la chose à ses risques et périls; et depuis, au contraire, c'est le dépositaire-emprunteur qui en est responsable. On conçoit, par conséquent, combien il est nécessaire que d'une façon quelconque le déposant soit averti du changement survenu dans sa position.

44. § II. En général, le propriétaire seul peut transférer la propriété de sa chose. On devra donc dire en principe que, pour prêter, c'est-à-dire pour transférer à l'emprunteur la propriété de la chose prêtée, il faut en être soi-même propriétaire; c'était la règle absolue du droit romain. Mais ici encore les perfectionnements du droit moderne sont venus apporter plusieurs modifications.

45. Les jurisconsultes avaient inventé la tradition de *brève main*. Ainsi, je donne ordre à mon débiteur de prêter à Paul la somme qu'il me doit. Mon débiteur est censé m'avoir livré cette somme, et m'en avoir ainsi rendu propriétaire; et moi, je suis censé l'avoir transférée à Paul, qui est emprunteur par rapport à moi, et mon débiteur est libéré. — C'était fort ingénieux à l'époque où la tradition était regardée comme indispensable; mais aujourd'hui, je puis devenir propriétaire des écus que l'on me doit sans qu'ils m'aient été livrés matériellement ou fictivement. Les anciens réunissaient deux opérations en une seule, et nous faisons comme eux; mais autrefois la fiction portait sur un acte matériel qui était sous-entendu; chez nous, la fiction n'est plus nécessaire, puisque les opérations à effectuer résident dans l'intention, au lieu d'être dans le domaine des sens. En donnant à mon débiteur l'ordre de prêter, j'ai disposé de la somme due

comme si elle m'appartenait; j'ai donc manifesté l'intention d'en
devenir propriétaire. Mon débiteur, en obéissant, a regardé comme
mienne la somme qu'il prêtait en mon nom. De ce concours de
volontés, résulte à mon profit une translation de propriété. Mais
en même temps, et c'est là qu'est la réunion en une seule de
deux opérations, notre intention de rendre Paul propriétaire est
clairement exprimée. On peut donc dire qu'aujourd'hui, comme
sous la législation romaine, on respecte, dans notre hypothèse,
la règle en vertu de laquelle, pour prêter, il faut être propriétaire.
Les résultats sont identiques, malgré la différence des chemins
qui nous y conduisent.

46. Il en serait de même dans le cas où j'aurais prié un tiers,
qui n'est pas mon débiteur, de prêter en mon nom; ce tiers de-
viendrait alors lui-même mon créancier à titre de prêt, et deux
contrats seraient réunis en un seul.

47. Si je lui donnais simplement mandat de prêter, et qu'il le
fît en son propre nom, il serait créancier de l'emprunteur, auquel
il aurait prêté sa chose; nous sommes donc toujours dans la règle :
quant à moi, véritable *mandator pecuniæ credendæ*, je serais
garant à l'égard du tiers de la solvabilité de l'emprunteur.

48. Enfin, et pour terminer toutes les hypothèses où le droit
moderne, conforme à l'ancien, nous permet d'obéir à notre règle,
dans le cas où, sans ordre et sans mandat, un tiers prête en mon
nom, et que postérieurement je ratifie ce contrat, tout se passera
comme dans l'espèce précédente, car les ratifications ont un effet
rétroactif. Si au contraire je refuse de ratifier, il n'en reste pas
moins le concours de deux volontés, celle de l'emprunteur, qui
a entendu acquérir, et celle du tiers, qui a voulu transférer la
propriété. Ma seule volonté manque; mais si elle était indispensable pour former les deux contrats réunis en un seul, elle est
inutile vis-à-vis des deux parties consentantes, et le prêt sera considéré comme effectué seulement entre l'emprunteur et le tiers
qui, conformément à la règle, n'a disposé que de sa chose.

49. Jusqu'ici tout est conforme, dans les résultats, avec le
droit du Digeste et celui de Pothier, puisque nous avons toujours
vu que le prêteur était propriétaire. Mais arrivons enfin au prêt
de la chose d'autrui. Il est un principe nouveau qui vient apporter

plusieurs modifications aux solutions connues du droit romain, c'est le principe de l'art. **2279**.

50. Pour mieux comprendre le changement que cet article a fait subir à notre matière, rappelons rapidement les notions du droit romain à cet égard.

On rencontre immédiatement une distinction capitale : la chose prêtée a-t-elle ou n'a-t-elle pas été consommée?

Dans le premier cas, il y a prêt, *consummatione reconciliatur mutuum*, et tout se passe comme si le contrat eût été valable dès l'origine. Dans la seconde hypothèse, au contraire, le légitime propriétaire peut revendiquer sa chose entre les mains de l'emprunteur, ou agir *ad exhibendum ;* il n'y a pas de prêt.

(Cette grande distinction, consommation, ou absence de consommation, comprend toutes les autres, car nous avons essayé d'établir, dans la première partie, que la consommation de mauvaise foi équivaut, à tous égards, à la non-consommation.)

Ainsi, dans le droit romain, l'emprunteur de la chose d'autrui n'est jamais immédiatement à l'abri des poursuites du propriétaire légitime ; il doit attendre un certain laps de temps, soit qu'il arrive ainsi à usucaper, soit qu'il ait eu le loisir de consommer.

51. Notre droit, puisé dans les coutumes et dans la jurisprudence du Châtelet, apporte un principe nouveau : *en fait de meubles, la possession vaut titre* (1). De ce principe, va résulter que le prêt de la chose d'autrui sera très-souvent valable immédiatement, et que la circonstance de consommation, capitale chez les Romains, n'a plus chez nous qu'une importance secondaire.

52. Notre intention n'est pas d'examiner en détail tous les systèmes qui ont été proposés sur ce fameux art. **2279**. Nous nous bornerons à montrer le sens que nous croyons découvrir sous sa rédaction un peu énigmatique.

53. Pour nous, l'art. **2279** établit une présomption légale et invincible de propriété : cette présomption n'exige, pour exister, que deux conditions, la possession matérielle de la chose et la bonne foi ; la maxime dont il s'agit peut se traduire : *La revendication est impossible contre un possesseur de bonne foi.*

_____

(1) Art. 2279.

54. Nous exigeons la bonne foi, malgré le silence de l'art. 2279. C'est que sans cette addition, l'art. 1141 ne serait pas explicable. Il décide, en effet, que l'on est préféré, en raison de la possession matérielle d'une chose promise à deux personnes différentes, seulement lorsqu'au fait de la possession vient s'ajouter la bonne foi.

Cette nécessité de la bonne foi implique, sinon l'existence d'un titre, au moins la croyance que ce titre existe ; il serait, en effet, de mauvaise foi celui qui sait détenir sans un titre translatif de propriété. Mais il suffit qu'il y ait croyance à cet égard.

55. Qu'on le remarque bien, toutefois, nous n'entendons pas pénétrer dans le débat qui divise les jurisconsultes relativement à la prescription. La croyance au titre suffit-elle, ou faut-il qu'il y ait un acte translatif de propriété tel qu'il eût rendu le possesseur propriétaire, s'il fût émané du propriétaire lui-même ? C'est là une grave question, qui sort des bornes de cette étude. Nous disons seulement que, dans notre cas particulier, lorsqu'il s'agit de la présomption qu'il faut tirer d'une possession mobilière, la croyance au titre suffit, et nous le disons avec confiance, parce qu'à nos yeux l'art. 2279 n'établit pas une prescription.

56. En effet, il répugne à toutes nos idées sur la prescription de la voir s'accomplir *instantanément ;* quelle que soit l'opinion que l'on professe sur la nature de la prescription, qu'on la regarde comme un moyen d'acquérir ou comme une présomption d'une cause légitime d'acquisition, on voit toujours qu'elle résulte d'une possession prolongée. *Le laps de temps*, voilà son caractère essentiel, et l'art. 2219 le dit en toutes lettres : *La prescription est un moyen d'acquérir ou de se libérer par un certain laps de temps.*

D'ailleurs, nous l'avons dit, la disposition qui nous occupe est empruntée au droit coutumier ; la coutume d'Orléans disait aussi : *En fait de meubles la possession vaut titre ;* et Pothier, qui a eu une si grande influence sur l'esprit de notre législateur, distingue avec soin la fin de non-recevoir qui résulte de la possession mobilière de de la prescription des meubles. Nous lisons en effet : « Notre cou- » tume ne s'est pas expliquée sur la prescription à l'effet d'acquérir » les choses mobilières ; il n'est pas bien décidé si la prescription » de trois ans, avec titre et bonne foi, qui avait lieu par le droit

» civil, a lieu dans notre droit français. Imbert et Bugnon, anciens
» praticiens, pensent qu'elle n'y est pas admise ; d'autres préten-
» dent qu'elle y est admise. Il est rare qu'il y ait lieu à la question,
» *le possesseur d'un meuble en étant parmi nous présumé proprié-*
» *taire sans avoir besoin d'avoir recours à la prescription* (1). »

57. Nous avons un autre motif pour ne pas croire que l'existence
réelle du titre soit exigée par la loi : c'est la rédaction même de
l'art. 2279 : *la possession vaut titre;* il n'est donc pas besoin de
titre!

58. Qu'on ne nous objecte pas que par ces mots le législateur :
entendu parler d'un *instrumentum*, d'un écrit. En effet, lorsqu'il
s'agit d'un moyen de preuve, le législateur emploie le mot *acte*.
Les art. 1317, 1318 et suiv., 1337, 1341, et tant d'autres, en sont
la démonstration. Ou bien si, par exception, le mot *titre* veut dire
écrit dans un article, on trouve toujours quelque indice certain du
sens qu'il lui faut attribuer. Ainsi, art. 2267 : *le titre nul par défaut de forme.* Lorsque, au contraire, on trouve le mot *titre* sans
rien qui l'accompagne, on peut être sûr qu'il ne veut pas dire *instrumentum;* ainsi, art. 2240 : on ne peut pas prescrire contre
son titre.

59. Pour nous, le sens clair de l'art. 2279 apparaît, lorsque
nous demandons au second alinéa l'explication du premier : « *Néan-
» moins,* on peut revendiquer pendant trois ans les meubles perdus
» ou volés; » donc on ne peut pas les revendiquer dans le cas contraire! Impossibilité de revendication, voilà la traduction simple,
évidente, qu'ont proposée MM. Delvincourt et Troplong (2).

60. Toutefois, on est frappé immédiatement d'un grave inconvénient. Il va suffire de recevoir à un titre quelconque, de louage,
de dépôt, de commodat, pour devenir propriétaire, si l'on est assez
maladroit pour se tromper sur les intentions du *tradens!*

M. Troplong a été effrayé de ce résultat; et pour lui, la maxime
de l'art. 2279 signifie simplement que les meubles n'ont pas de
suite : si donc le propriétaire primitif allègue que le possesseur tient

(1) Intr. au tit. 14, n° 4, sur la C. d'Orl.
(2) Troplong, Prescr., n° 142. — Delv., t. II, p. 644, aux notes.

le meuble de lui, soit à titre précaire, soit en vertu d'un contrat résoluble, il est admis à en faire preuve et à revendiquer.

61. On a repoussé cette doctrine : la règle que les meubles n'ont pas de suite est contestable ; et d'ailleurs, l'art. 2279 n'autorise pas, dans ses termes, la distinction que fait M. Troplong entre le cas où le possesseur actuel était lié par une obligation antérieure avec le demandeur, et le cas où ce possesseur n'est lui-même qu'un tiers acquéreur.

62. Pour nous, nous proposons la solution suivante ; elle se rapproche de celles de M. Troplong, mais sans s'appuyer sur une règle contestée, et sans créer une distinction qui n'est pas dans la loi. Notre formule est celle-ci : *le défendeur ne pourra pas invoquer la présomption tirée de sa possession, lorsqu'il sera lui-même personnellement obligé à la restitution de la chose qu'il possède.* Ainsi, l'héritier de l'emprunteur est tenu de restituer la chose prêtée. Il ne pourra pas invoquer l'art. 2279, dans notre système, et l'on voit tout de suite comment nous nous écartons de M. Troplong. Mais toutes les fois que le tiers détenteur, successeur particulier, ne sera pas personnellement obligé à la restitution, nous reconnaîtrons, avec le savant magistrat, que le meuble n'a pas de suite, et que le défendeur peut invoquer l'art. 2279.

63. Que si l'on nous objecte que la distinction que nous faisons n'est pas dans le texte, nous répondrons qu'elle est dans les principes. En effet, si celui qui est obligé personnellement à restituer la chose, actionné en revendication, devait triompher en invoquant la règle en fait de meubles... qu'arriverait-il ? Le demandeur débouté intenterait aussitôt une action nouvelle, non plus l'action en revendication qui serait repoussée par l'exception de la chose jugée, mais une action personnelle, fondée sur l'obligation dont est tenu envers lui le défendeur : celui-ci, vainqueur dans le premier procès, succomberait dans le second ! Nos lois ne connaissent pas ces détours et ces subtilités : il faudra trente ans (le temps de la prescription libératoire) pour mettre le détenteur à l'abri de la revendication, toutes les fois qu'il sera personnellement obligé à la restitution.

64. Tels sont les principes que nous nous proposons d'appliquer au prêt de la chose d'autrui. Toutefois, avant d'entrer dans cet

examen, que l'on nous permette encore quelques mots sur l'usage qu'il faut faire de l'art. 2279.

65. Pour invoquer cet article, il faut posséder une chose qui n'ait pas été volée ; autrement la bonne foi du détenteur ne mettrait pas obstacle à la revendication pendant trois ans (1), dont le point de départ est la date du vol lui-même. Mais que faut-il décider pour l'escroquerie et l'abus de confiance ?

66. Le droit de revendiquer un objet mobilier entre les mains du possesseur de bonne foi , ne s'applique pas au cas où le détournement a eu lieu par suite d'*escroquerie* : telle est la jurisprudence constante. En effet, le vol et l'escroquerie sont deux délits différents. Un propriétaire peut avoir été volé sans qu'il existe aucune espèce de rapport entre lui et l'auteur de la soustraction , sans que dès lors il ait aucun moyen de suivre l'objet volé. Il n'en est pas de même lorsqu'il est dépouillé par suite d'une escroquerie : il a eu des rapports avec l'auteur de ce délit, et il lui a été possible de suivre l'objet mobilier qui lui a été escroqué. Sa position est donc moins favorable que dans le cas de vol (2). D'ailleurs, la seconde disposition de l'art. 2279 n'est qu'une exception au principe général posé dans la première partie, et les exceptions doivent être entendues restrictivement (3).

Néanmoins, M. Troplong soutient un avis contraire ; deux arrêts de la cour de Paris ont été rendus dans le sens de son opinion, mais le premier a été cassé le 20 mai 1835, par arrêt cité plus haut (4).

67. La question de savoir si l'art. 2279 s'applique à l'abus de confiance, est moins difficile à résoudre que la précédente. En effet, dans ce cas, le propriétaire a suivi la foi du dépositaire, et comme le dit fort bien M. Troplong, « tant pis pour lui s'il a mal choisi » celui à qui il a remis la possession, et dans les mains duquel il » a déposé les moyens de tromper les tiers en le trompant lui-» même (5). »

(1) Paris, 18 août 1851, aff. Bibliothèque nationale.
(2) Cass., 20 mai 1835. — Rouen, 18 mars 1836. — Paris, 21 nov. 1855.
(3) Marcadé, art. 2279, n° 5. — Dalloz, v° Prescription, n° 287.
(4) Troplong, Prescript., n° 1069. Paris, 13 janvier 1834; 11 nov. 1837.
(5) N° 1070. Cass., 7 fév. 1819. — Paris, 7 mars 1851. — Paris, 5 fév. 1813. — Caen, 9 mars 1846. — Bordeaux, 14 juillet 1832.

68. Cette différence entre le vol, d'une part, l'escroquerie et l'abus de confiance, est parfaitement raisonnable. En cas de vol, la dépossession du propriétaire a été violente ou faite à son insu ; la possession du voleur est ordinairement clandestine, de courte durée, et s'applique presque toujours à des gens sans aveu et sans consistance sociale. Ainsi, le propriétaire n'a rien à se reprocher ; le tiers, au contraire, est en faute lorsqu'il traite avec le possesseur sans s'enquérir de sa moralité, de la notoriété et de la source de sa possession. S'agit-il d'escroquerie ou d'abus de confiance, les rôles sont renversés : le propriétaire s'en laissé tromper ; il porte la peine de sa confiance, car il a contribué lui-même à la publicité de possession qui est le fondement de la présomption de propriété des meubles à l'égard des tiers, et l'erreur de ceux-ci, qui n'ont rien à se reprocher, a été la conséquence du fait primitif du propriétaire.

Ainsi, nous nous rangeons à l'opinion générale des auteurs et à la jurisprudence presque constante des Cours impériales, et nous pensons qu'on ne doit pas appliquer l'exception posée dans l'article 2279, aux délits prévus et punis par les art. 405, 406 et 408 du Code pénal (1).

69. Cette décision retire un grand intérêt, du moins au point de vue de cette étude, à une question qui, dans l'opinion contraire, nous eût paru délicate. Le prêt d'une chose que l'on ne détient qu'à l'un des titres prévus par l'art. 408 du Code pénal (louage, dépôt, mandat, etc.), constitue-t-il un abus de confiance ? Si l'on admet, avec M. Toullier et un arrêt de la Cour royale de Lyon, la généralisation du mot *vol* de l'art. 2279, le propriétaire pourra revendiquer l'objet prêté entre les mains de l'emprunteur de bonne foi, pendant trois ans à partir du prêt. Nous ne pensons pas qu'il y ait, dans un prêt, un acte de détournement ni de dissipation, tel que le prévoit l'art. 408. Sans doute, le dépositaire, le mandataire, l'ouvrier salarié ou non salarié qui, au lieu d'accomplir ses obligations, rend un service qui ne lui coûte rien, est coupable ; il s'expose à des réparations civiles, mais évidemment il n'a pas l'intention frauduleuse, l'*animus fraudandi* qui est est le caractère

(1) Voyez en sens contraire, Toullier, t. XIV, p. 125. — Lyon, 13 décembre 1830, aff. Neeman c. Curcq.

constitutif de tout délit. Il ne voulait pas faire tort au propriétaire,
puisqu'en prêtant il stipulait la restitution d'un objet identique,
et s'il a été généreux avec le bien d'autrui, ce qui est un mal, loin
d'en retirer un avantage personnel et d'avoir une pensée de lucre,
il courait le danger de payer des dommages et intérêts.

70. Nous avons fini avec cette longue digression, et nous pouvons revenir au prêt de la chose d'autrui. On voit maintenant combien est indifférente la circonstance de consommation ou de non-
consommation. L'emprunteur de la chose d'autrui sera à l'abri de
toute poursuite, pourvu qu'il remplisse trois conditions, parmi
lesquelles ne figure pas, comme dans le droit romain, la consommation : 1° avoir été de bonne foi au moment de l'emprunt; 2° n'a-
voir pas emprunté une chose perdue par son légitime propriétaire;
3° n'avoir pas emprunté une chose volée, dans le sens de l'art. 379
du Code pénal.

71. Si la première de ces conditions est remplie, mais que
l'une des deux autres ne le soit pas, aucune difficulté ne s'élève,
et l'art. 2279 dit lui-même que sans avoir égard à un contrat qui
n'existe pas en droit, sans attendre l'époque fixée entre les parties
pour la restitution, le propriétaire pourra exiger cette restitution à
son profit, pendant trois ans à partir du vol ou de la perte de la
chose prêtée, pourvu qu'il démontre l'un ou l'autre de ces deux
événements.

72. Toutefois, c'est ici que nous trouvons la seule occasion
d'appliquer la distinction capitale que faisait le droit romain entre
la consommation et la non-consommation. Si l'emprunteur d'un
objet volé était de bonne foi, non-seulement quand il l'a reçu,
mais encore lorsqu'il a consommé, nous pensons que par analogie avec l'art. 1238, on doit dire que le prêt se trouve validé et
que le légitime propriétaire sera contraint d'attendre l'époque fixée
pour la restitution.

73. Si, au contraire, c'est la première condition qui seule n'est pas
remplie, si l'emprunteur sait que la chose empruntée appartient à un
tiers, il sera tenu, *pendant trente ans, à partir du prêt*, de la restituer
au légitime propriétaire, avec tels dommages intérêts que de droit.

74. L'emprunteur de mauvaise foi ferait une imprudence de
rendre à son prêteur sans appeler en cause celui qu'il sait être lé-

gitime propriétaire. Sans cette précaution, il s'exposerait à des poursuites postérieures.

75. Mais qu'arriverait-il si l'emprunteur savait qu'il emprunte un objet volé? Au point de vue criminel, il nous paraît qu'il encourt les peines portées par les art. 59 et 62 du Code pénal; il est complice par recel, puisqu'il profite *sciemment* du produit d'un délit. Ne doit-on pas adopter une solution analogue au point de vue civil? il y a complicité; il faut donc traiter le complice comme l'auteur principal, et autoriser contre lui la revendication pendant trente ans.

76. Mais une difficulté pratique va se présenter immédiatement : si, en théorie, le droit de revendiquer contre un voleur ou son complice ne se prescrit que par trente ans, dans la réalité des choses, il est presque impossible de sauvegarder les intérêts d'un propriétaire pendant plus de dix ans, s'il a été victime d'un crime, et pendant plus de trois ans, si le vol ne constitue qu'un délit correctionnel.

En effet, d'après les art. 637 et 638 du Code d'instruction criminelle, l'action publique et l'action civile se prescrivent par deux ou trois ans, suivant qu'il s'agit d'un crime ou d'un délit. Sans doute, nous ne confondons pas l'action civile avec l'action en revendication. L'action civile est celle qui a sa *source*, son principe, dans le délit même qui a été commis, car elle a pour objet la réparation du dommage qu'il a causé; l'action en *revendication*, au contraire, a sa source, son principe dans la propriété, ce n'est pas le vol qui l'a engendrée, elle en est indépendante, et comme pour l'exercer il n'est pas besoin d'argumenter du vol, l'extinction prononcée par les art. 637 et 638 du Code d'instruction criminelle ne lui est pas applicable.

Mais cette extinction n'en réagira pas moins le plus souvent de la manière la plus funeste sur le sort de la revendication. En effet, le voleur, après avoir prescrit l'action publique, répondra au demandeur en revendication par la maxime : *en fait de meubles, la possession vaut titre*, et le demandeur ne pourra pas le repousser en prouvant qu'il y a eu *vol;* car le voleur qui est couvert par la prescription ne peut, sous aucun rapport, être recherché à cet égard. Il faudra prouver la mauvaise foi; mais le moyen de l'établir sans démontrer par cela même le crime ou le délit?

Or la situation est tout aussi difficile à l'égard de l'emprunteur. Il faut établir sa mauvaise foi sans prouver sa connaissance du vol, ou plutôt établir qu'il savait la mauvaise foi du voleur sans prouver qu'un vol a été commis; sans quoi le demandeur en revendication le rechercherait pour un fait de complicité qui est couvert par la prescription.

77. Quoi qu'il en soit de ces difficultés sérieuses, on voit qu'en droit français le prêt de la chose d'autrui est en général valable immédiatement, grâce à la maxime de l'article 2279. Le légitime propriétaire qui n'a prouvé ni vol, ni perte, ni mauvaise foi, pourrait bien poursuivre immédiatement le prêteur; mais si celui-ci est insolvable, il ne pourra sauvegarder ses droits que par une saisie-arrêt pratiquée entre les mains de l'emprunteur sur le montant de la restitution à faire, et il devra attendre l'époque fixée dans le contrat.

78. Nous ne devons pas négliger une remarque qui sera comme la dernière conséquence de l'interprétation que nous avons donnée à la maxime *en fait de meubles, la possession vaut titre*. En effet, nous avons lu avec étonnement, dans un auteur qui est et mérite d'être très-répandu parmi les élèves de l'école : « L'emprunteur, » s'il est de bonne foi, peut repousser la revendication du proprié- » taire par l'article 2279 ; mais c'est une faculté dont il peut user » ou ne pas user; le prêteur ne peut pas le forcer d'invoquer une » prescription que sa conscience repousse. Si donc la chose périt » par cas fortuit, l'emprunteur n'a rien à restituer ; il dira : Je » m'étais obligé à vous payer une chose semblable à celle que » vous m'avez livrée, afin de devenir propriétaire de la chose que » j'empruntais; or vous ne m'avez pas rendu propriétaire ; dès » lors mon obligation de rendre une chose semblable n'a pu naître » faute de cause (1). »

Voilà, il faut l'avouer, une singulière conscience! L'emprunteur est si scrupuleux qu'il refuse d'user d'une maxime qu'il trouve faite pour les spoliateurs du bien d'autrui, et en réalité il spolie le propriétaire légitime! Il invoque la faute qu'un autre a

(1) M. Mourlon, 3ᵉ examen, p. 309,

commise, et il en profite sous prétexte d'honneur et de délicatesse!

79. Ce résultat, possible sans doute avec la doctrine de la prescription instantanée, ne le sera plus avec le système que nous avons adopté. Le transport de propriété a eu lieu dès qu'il y avait bonne foi de la part de l'emprunteur; il n'est pas le résultat de la volonté du prêteur, il est le résultat de la loi, et si l'emprunteur peut y renoncer pour lui, les tiers ont le droit d'invoquer un bénéfice qui leur est légalement acquis, et qui existe indépendamment de la volonté des deux parties contractantes. Le propriétaire légitime peut dire à l'emprunteur : Quelle que soit votre volonté actuelle, dès l'instant de votre possession, vous avez été fait propriétaire; il n'y a donc pas de perte possible par cas fortuit, et vous êtes obligé à une restitution telle que vous l'avez promise en contractant dans l'origine.

80. *Administrateurs*. — Le prêt étant une aliénation, le droit droit .e p.êter se rattache à celui d'aliéner, lequel, en principe, n'appai:..nt qu'à un propriétaire. Mais dans notre droit, l'aliénation des meubles est souvent permise, parfois même ordonnée à de simples administrateurs.

81. 1° Ainsi l'article 452 C. N. prescrit au tuteur de vendre aux enchères, dans le mois qui suivra la clôture de l'inventaire, tous les meubles autres que ceux que le conseil de famille l'aurait autorisé à conserver en nature. Il faut même, en vertu de l'article 455, que le tuteur fasse emploi des capitaux d'une manière utile, et qu'il les rende productifs, c'est-à-dire le plus souvent qu'il les prête à intérêts.

82. 2° Le mari, pendant le mariage et sous le régime de la communauté, est administrateur de cette communauté, dans laquelle sont nécessairement tombés tous les objets susceptibles d'être prêtés. Il peut, sans le concours de sa femme, les vendre, aliéner et hypothéquer (1); il peut donc les prêter sans intérêts.

83. Toutefois, la prudence du législateur a mis de sages limites à ce pouvoir si étendu, que plusieurs auteurs ont qualifié le mari de *seigneur et maître* de la communauté. Le mari ne peut dispo-

(1) Art. 1421 C. N.

ser entre-vifs à titre gratuit des immeubles de la communauté ni
de l'universalité ou d'une quotité du mobilier, si ce n'est pour l'é-
tablissement des enfants communs (1). Parmi ces prohibitions,
une seule nous intéresse, celle qui est relative à la disposition
entre-vifs à titre gratuit et universel du mobilier. Les auteurs nous
paraissent tous avoir vainement cherché l'utilité de cette prohibition. Il est, en effet, impossible de faire par acte entre-vifs des donations universelles, de donner, par exemple, un tiers, un quart
de ses biens, puisque toute donation de meubles n'est valable
qu'autant qu'elle est accompagnée de l'énumération et de l'estimation des objets compris dans la libéralité (2). Il ne peut donc y
avoir que des donations d'objets individuels. On a supposé que le
législateur avait voulu prohiber les donations comprenant en fait la
totalité ou une fraction considérable de l'actif mobilier.

84. Bien que cette interprétation nous paraisse hasardée, nous
ne la repoussons pas d'une manière absolue. Les libéralités si considérables faites par un mari, sans le concours de sa femme et à
des étrangers, doivent être vues de l'œil le plus défavorable; et sans
mériter le reproche d'être trop sévère, on peut supposer que, le
plus souvent, elles sont dictées par un coupable motif. Mais il nous
semble que l'on n'a pas songé à une utilité plus certaine de la prohibition dont il s'agit. Le prêt (sans intérêts) est un contrat de bienfaisance, nécessairement dispensé des formes solennelles de la donation, puisque c'est un contrat consensuel ; il l'est aussi des formes
exigées par l'article 948. Donc le mari pourrait, en l'absence de
l'article 1422, prêter à un étranger la totalité des meubles de la
communauté, par exemple tout l'argent comptant. Mais il sera
arrêté par la prohibition dont il s'agit. Un prêt semblable, à longue
échéance, lorsque la femme d'ailleurs ne peut pas contrôler la restitution, serait un moyen commode de dissimuler une donation.

85. Qu'arrivera-t-il si le mari ne respecte pas les dispositions de
notre article? Si l'échéance était arrivée avant la dissolution de la
communauté, il n'y a sans doute aucune sanction à la prohibition,
et tout se passera comme si le prêt eût été valable ; mais supposons

(1) Art. 1422 C. N.
(2) Art. 948 C. N.

l'échéance tombant après la communauté : la femme ou ses héritiers auront le droit d'exiger la restitution immédiate de leur part,
sans attendre l'échéance, et sans que l'emprunteur puisse exciper
de sa bonne foi ; car nul n'est censé ignorer la loi, et l'emprunteur
devait savoir qu'un mari, faisant un prêt aussi considérable, dispo-
sait, au moins pour partie, du bien d'autrui.

On conçoit d'ailleurs qu'un prêt de cette nature pourrait, par
lui-même, précipiter la dissolution de la communauté, en servant
de base à une instance en séparation de biens. Le prêt étant nul,
au moins pour partie, si la livraison n'est pas effectuée lors de la
dissolution de la communauté, la femme ou ses héritiers pourront
se refuser à cette livraison.

86. 3° Quant aux biens personnels de la femme, le mari en est
aussi l'administrateur, mais avec des pouvoirs beaucoup moins
étendus. Tandis que pour les biens de la communauté la capacité
est la règle, elle est ici l'exception. Donc, tout ce qui ne rentre pas
strictement dans les fonctions d'un administrateur lui est interdit ;
mais prêter à intérêt c'est sagement administrer, et personne n'a
songé à en contester le droit au mari.

87. En est-il de même du prêt sans intérêt ? Nous ne le pensons
pas : c'est une aliénation, ce n'est pas un acte d'administration ; et
à notre avis, toute aliénation est défendue au mari sans le concours
de sa femme, lorsqu'il s'agit des propres de celle-ci. La loi dit, il
est vrai : *Le mari ne peut aliéner les immeubles personnels de sa
femme sans son consentement* (1), et l'on en a conclu *a contrario*
qu'il peut aliéner les propres mobiliers. Mais est-il prudent de raisonner par *a contrario* dans une semblable matière ? On voit facilement, par la rédaction même des articles 1421 et 1428, la différence que le législateur entendait établir entre les pouvoirs du mari,
suivant qu'il s'agit des biens de la communauté ou des propres de la
femme. Dans le premier cas, la loi dit que le mari administre *seul*,
et elle a soin d'ajouter aux pouvoirs d'une simple administration ceux
de *vendre, aliéner, hypothèquer.* Dans le second cas, au contraire,
la loi ne confère que les pouvoirs ordinaires d'un administrateur ; elle
n'étend pas, elle restreint ; et si sa prohibition n'est explicite qu'à

(1) Art. 1421, C. N.

l'égard des immeubles , c'est que l'article traite de la communauté légale, où les meubles ne sauraient être personnels à la femme.

88. Il résulte de ces observations que si le mari a prêté, sans intérêt, un meuble appartenant à sa femme sans le concours de celle-ci, et que ce meuble n'ait pas encore été livré lors de la dissolution de la communauté, la femme ou ses héritiers pourront refuser la livraison ; si le meuble a été livré, mais que l'échéance soit postérieure à la dissolution, la femme ou ses héritiers pourront exiger un remboursement immédiat, s'ils démontrent que l'emprunteur savait que le meuble prêté n'appartenait pas au mari.

89. Que diraient tant de célèbres docteurs des siècles passés, s'ils nous voyaient autoriser ce qu'ils regardaient comme un grave péché, et défendre au contraire un acte louable et charitable ? Nous leur répondrions qu'ils ont eu recours, malgré leur science et leur bonne foi, aux plus regrettables subtilités, pour combattre un contrat que le bon sens et la nécessité des choses autorisaient, et que nous, au contraire, nous n'avons pas besoin de longs discours pour démontrer qu'il est immoral d'être généreux avec le bien d'autrui.

90. D'ailleurs, nous devons avouer que l'on trouvera rarement l'occasion de mettre en pratique notre prohibition. En effet, la communauté, cet ensemble qui est dans la main quasi toute-puissante du mari, est usufruitière, par conséquent propriétaire des biens qui se consomment par l'usage, des biens qui sont plus que tous les autres l'objet ordinaire d'un prêt de consommation. Il faudrait donc, pour appliquer la règle que nous avons établie, qu'il ne s'agît pas d'un prêt d'argent, ni d'un prêt de marchandises : ce sont là des choses dont la communauté est quasi-usufruitière ; il faudrait que le mari eût prêté un corps certain par sa nature, mais devenu chose fongible par l'intention spéciale des parties contractantes. Ainsi, l'on voit souvent la future épouse stipuler propres ses diamants : Le mari ne pourrait pas prêter une parure en stipulant, pour une époque déterminée, que l'emprunteur restituera une parure de même valeur ; remarquons que ce n'est pas là un prêt à usage. L'emprunteur a eu soin de stipuler que la restitution porterait sur un objet de même nature et valeur afin, en attendant l'époque fixée pour la restitution, de se procurer de l'argent par la vente des diamants

prêtés. Le prêt est nul, et dans une pareille espèce, qui s'est présentée, la mauvaise foi de l'emprunteur ne sera sans doute pas difficile à établir; de sorte qu'il ne pourra pas invoquer l'art. 2279.

91. 4° Quant au régime dotal, nous aurons à examiner bientôt la question d'incapacité : il s'agit ici d'administration, c'est-à-dire des pouvoirs du mari, agissant seul et sans sa femme. Bien que nous admettions l'aliénabilité de la dot mobilière, nous n'admettons pas que le mari puisse, à lui seul, faire un acte d'aliénation, en dehors des pouvoirs ordinaires d'un administrateur : le mari ne peut donc pas prêter les meubles dotaux qui ne sont pas devenus sa propriété en vertu des principes du quasi-usufruit.

92. *Capacité du prêteur.* — Pour transférer la propriété, il ne suffit pas d'être propriétaire, il faut encore être capable d'aliéner : les incapables, c'est-à-dire le mineur, l'interdit et la femme mariée, ne pourront donc pas prêter.

93. 1° Le mineur ne peut aliéner; alors même que l'emprunteur aurait ignoré l'état de minorité de son prêteur, sa bonne foi ne le rendrait pas propriétaire, et par conséquent celui qui administre les biens du mineur, ou le mineur lui-même devenu majeur, pourra revendiquer en tout temps la chose qui n'a pas cessé d'être sienne. La loi romaine disait que la revendication est possible *tant que la chose existe en nature;* certains auteurs modernes disent aujourd'hui : tant que la chose existe *entre les mains de celui qui l'a reçue* (1). Nous n'admettrons ni la règle romaine ni sa correction moderne, si l'on ne vient y ajouter un utile palliatif; sans doute, la *revendication* proprement dite sera refusée plus souvent encore au propriétaire français qu'elle ne l'était à Rome; il suffira, pour empêcher cette action, que la chose ait changé de main, tandis que le droit romain autorisait la poursuite d'un meuble *sicubi exstet*. Mais à défaut de la revendication, le mineur doit avoir une action personnelle contre l'emprunteur, lors même que celui-ci n'a plus la chose prêtée entre les mains.

Le *quantum* de cette action sera déterminé par le montant du prêt lui-même, sans avoir égard à l'enrichissement de l'emprunteur qui peut lui être inférieur. Quant au terme fixé dans la convention, on

___

(1) Dalloz, v° Prêt, nᵒˢ 157 et 158.

ne l'attendra pas, et le mineur pourra agir immédiatement. Voilà ce que les auteurs ont le tort de ne pas ajouter lorsqu'ils refusent la revendication.

En effet, si la chose existait encore en nature et dans les mains de l'emprunteur, elle pourrait être assurément revendiquée. Or s'il est impossible maintenant d'agir ainsi, à qui en est la faute? N'est-ce pas à l'emprunteur qui s'est dessaisi à tort de la chose prêtée? Il doit la réparation de sa faute, réparation mesurée non sur le bénéfice qu'il a tiré de l'opération, mais sur le tort qu'il a causé ; réparation pour laquelle, d'ailleurs, il n'existe pas de terme. Voilà pourquoi l'action personnelle dont nous parlons peut être intentée immédiatement, voilà pourquoi elle n'est pas fondée seulement sur l'enrichissement de l'emprunteur.

94. Nous allons plus loin encore, et nous pensons, contrairement à l'opinion de savants auteurs (1), que la consommation de bonne foi ne valide pas le prêt fait par un mineur. Nous pouvons nous reporter à ce que nous avons dit à propos de la question analogue qui se présentait en droit romain. Pourquoi la protection accordée à l'incapable serait-elle enchaînée par une circonstance qui lui est étrangère? Nous sommes même encore plus forts dans notre opinion en droit français. Chez nous, la nullité des contrats faits par un incapable est toute relative ; de lui seul dépend la validité ou la non-validité des actes qu'il a passés, lui seul peut les critiquer, mais il le peut toujours sans que les diverses situations des tiers lui retirent rien de son pouvoir. A cet égard, l'engagement qu'il a pris de n'exiger un remboursement qu'à une époque déterminée, résulte d'un pacte qu'il a toujours le droit de contester ; c'est en lui, en lui seul que résidait le vice du contrat, et la consommation, même de bonne foi, ne saurait purger un pareil vice. Nous n'hésitons donc pas à dire que, dans ce cas-là même, le mineur n'est pas soumis aux délais fixés dans le contrat, et qu'il peut exiger un remboursement immédiat (2).

95. On le voit, ces deux importantes décisions sont fondées sur le principe si large, mais si équitable de l'art. 1382.

---

(1) M. Duranton, n° 868. — M. Dalloz, n° 159.
(2) M. Troplong, n° 203.

96. La propriété n'est pas transférée par un mineur qui prête. En résulte-t-il que si la chose a péri par cas fortuit, l'emprunteur ait le droit d'invoquer cette circonstance pour ne rien restituer ? Nous nous réservons de revenir sur cette grave question, lorsque nous traiterons des obligations de l'emprunteur.

97. 2° Ce que nous avons dit du mineur s'applique complétement à l'interdit, qui lui est assimilé pour sa personne et pour ses biens (1). Pendant dix ans, à partir de la mainlevée d'interdiction, l'ancien interdit peut attaquer les actes qu'il a passés pendant son état d'incapacité ; il a donc le droit de réclamer immédiatement la restitution de prêts qu'il a consentis peut-être pour les échéances les plus longues (2).

98. Les personnes non interdites renfermées dans un établissement d'aliénés sont plus efficacement protégées encore. Le délai pour attaquer les actes qu'on a pu surprendre à leur faiblesse, ne part pas d'une époque invariable comme dans l'art. 1304. Les dix ans de l'action en nullité courront, à l'égard de la personne qui a souscrit les actes, à dater de la signification qui lui en aura été faite ou de la connaissance qu'elle en aura eue après sa sortie définitive de la maison d'aliénés ; et à l'égard de ses héritiers, à dater de la signification qui leur en aura été faite, ou de la connaissance qu'ils en auront eue depuis la mort de leur auteur (3).

99. 3° Nous arrivons enfin à la femme mariée. Laissons de côté la femme commune ; par elle-même elle est incapable, comme un mineur ou un interdit, et nous n'aurions qu'à répéter à son égard ce que nous avons déjà dit. Mais que devra-t-on décider lorsque la femme a conservé l'administration de tout ou partie de ses biens, lorsqu'elle est mariée sous le régime dotal ou sous celui de la séparation de biens?

100. Le prêt, nous l'avons dit, est une aliénation *sui generis* qui nous paraît excéder les pouvoirs d'un administrateur.

Toutefois, de graves controverses, sur lesquelles nous aurons l'occasion de revenir, se sont élevées à l'égard de la femme séparée. Peut-elle aliéner ses meubles? L'article 217 le lui défend ;

(1) Art. 509 C. N.
(2) Art. 1304 C. N.
(3) Loi du 30 juin 1838, art. 59.

l'article 1449 le lui permet; enfin l'article 1538, en ne lui défen-
dant que l'aliénation des immeubles, semble *a contrario* autoriser
l'aliénation des meubles. Quelle que soit l'opinion à laquelle on
s'arrête, tout le monde est d'accord pour décider que la femme
séparée ne peut disposer de son mobilier *à titre gratuit* sans l'autorisation de son mari (1). Aucun doute ne s'est jamais élevé à cet
égard, et ceux-là même qui se prononcent pour la plus grande indépendance de la femme séparée, restreignent ses pouvoirs aux
aliénations à titre onéreux. Or prêter, c'est faire une libéralité
d'autant plus dangereuse que la femme, se cachant de son mari,
agissant en secret, ne prendra pas les renseignements nécessaires
sur la solvabilité de son emprunteur. Nous pensons donc que
la femme séparée de corps ou de biens n'a pas la faculté de prêter
sans l'autorisation de son mari.

101. Nous savons bien que nous mettons ainsi de cruelles bar-
rières à la propension naturelle de la femme vers les œuvres cha-
ritables et généreuses. Mais l'intérêt de la famille et la crainte d'en-
traînements peu réfléchis doivent l'emporter sur ces idées philan-
thropiques. S'il s'agit d'un acte sage en même temps que généreux,
que la femme demande conseil et autorisation à celui qu'elle a
accepté pour guide dans la vie. Il va sans dire d'ailleurs que notre
prohibition ne peut s'appliquer qu'à des sommes importantes, au
moins relativement à la fortune du ménage, et que nous ne prétendons pas empêcher les œuvres de charité prises sur le revenu.

102. Quant à la femme dotale, moins de doutes encore s'élèvent
dans notre esprit sur son incapacité de prêter. Nous n'avons plus
besoin ici de nous reporter à l'article 217; l'article 1376, après
lui avoir accordé l'administration de ses biens paraphernaux,
ajoute : *mais elle ne peut les aliéner.* La prohibition est absolue,
et tout ce qui n'est pas un acte de stricte administration lui est
interdit.

103. 4° Nous avons vu jusqu'ici les incapacités qui résultent
pour la femme mariée du défaut d'autorisation. Mais il est une
autre nature d'incapacité qui pourrait, dans une certaine opinion,

(1) Duranton, t. VIII, n° 208; t. XV, n° 314. — Grenier, t. I, n°s 109 et suiv. —
Rodière et Pont., n° 881. — Odier, n° 405.

survivre à l'autorisation maritale : nous voulons parler du régime
dotal. Les époux pourront-ils ensemble prêter des biens dotaux :
en d'autres termes, la dot mobilière est-elle aliénable ?

104. Notre intention n'est pas de pénétrer jusqu'au fond de ce
célèbre débat, qui ne touche à l'objet de notre étude que très-in-
directement. Nous nous bornerons, après avoir indiqué succincte-
ment les arguments qu'invoque chacun des deux partis, à dire
quel système nous avons choisi et quels sont les motifs de notre
préférence.

Quant à l'utilité de la question, elle est frappante si l'on [envisage
le prêt de consommation. Ce n'est pas là, en effet, un acte d'administration, comme les aliénations mobilières le sont ordinairement; en outre, il peut porter sur des objets qui ne se consomment pas par un premier usage, comme un titre au porteur. De
sorte que le mari n'en est pas quasi-usufruitier, c'est-à-dire propriétaire à charge de restitution. Et alors si l'emprunteur ne peut
pas invoquer l'article 2279, c'est-à-dire s'il est de mauvaise foi,
si la livraison n'est pas encore faite, le prêt est nul dans le système de l'inaliénabilité. De sorte que la revendication immédiate
est possible, ou que les époux ont le droit de se refuser à effectuer
la livraison promise.

Ce n'est pas notre avis; nous pensons avec presque tous les
auteurs que la dot mobilière est aliénable, et que par conséquent
la femme n'est pas admise à attaquer un contrat qu'elle a fait
avec l'autorisation de son mari. Ce système peut se résumer dans
les arguments qui suivent.

105. Lorsque la loi parle du droit d'administrer la dot et du
droit d'en jouir, elle emploie ces expressions génériques : *biens
dotaux, dot,* qui embrassent les meubles comme les immeubles (1).
Au contraire, quand elle pose le principe de l'inaliénabilité, la loi
n'emploie plus des termes génériques; elle ne dit pas la *dot* est
inaliénable, ou *les biens dotaux* sont inaliénables. Ses formules sont
aussi restrictives que possible : *Les immeubles constitués en dot ne peuvent être aliénés* (2), ou bien : de l'inaliénabilité du *fonds* dotal (3).

(1) V. la rubrique de la sect. II, ch. 3, le tit. 5, liv. 3, les art. 1549, 1550.
(2) Art. 1554.
(3) Rubrique de la section.

Donc, par *a contrario*, la dot mobilière est aliénable. Cet argument est d'autant plus décisif : 1° que la dot mobilière était aliénable en droit romain, auquel le régime dotal a été emprunté ; 2° que l'inaliénabilité est une exception au principe d'après lequel chacun peut disposer comme il l'entend des biens dont il est propriétaire (1) ; 3° que l'inaliénabilité est contraire à l'intérêt général du commerce, surtout quand elle porte sur des meubles ; 4° que le principe de l'inaliénabilité des immeubles n'a été admis qu'avec répugnance et après de longues hésitations ; 5° que les articles 1557, 1558, 1559, qui dérogent au principe d'inaliénabilité posé dans l'article 1554, ne parlent toujours que des *immeubles dotaux* ; 6° que l'article 1561, qui établit le principe de l'imprescriptibilité comme conséquence de l'inaliénabilité, ne parle aussi que des immeubles dotaux.

106. Nous ne nous dissimulons pas l'imposant accord des Cours impériales et de la Cour de cassation, pour combattre la doctrine à laquelle nous nous sommes arrêté ; mais il nous semble qu'en cette occasion, la magistrature a plutôt cédé au désir de ce qui devrait être qu'elle n'a reconnu ce qui existe en réalité. Les fortunes mobilières n'ont pris leur rapide et vaste extension que postérieurement à la rédaction du Code, et le juge a pu vouloir réparer une omission assez naturelle par des décisions, basées sur trois arguments principaux.

1° Les articles 1555 et 1556 permettent, *par exception*, d'aliéner les *biens dotaux*, expression générale qui comprend les meubles aussi bien que les immeubles. Donc, en principe, les biens dotaux, c'est-à-dire les meubles et les immeubles, sont inaliénables.

Nous répondrons : Ces articles dérogent à la règle posée dans l'article 1554, puisqu'ils permettent, dans certains cas, l'aliénation des biens que l'article 1554 déclare inaliénables ; donc les biens exceptionnellement aliénables sont ceux-là seulement que la loi a frappés en principe d'inaliénabilité ; or ces biens sont *les immeubles constitués en dot ;* par conséquent, dans les articles 1555 et 1556, la loi veut dire par *biens dotaux* les immeubles constitués en dot.

2° Dans l'ancien droit français, la dot mobilière était inaliénable,

(1) Art. 554.

et il est probable que le Code n'a pas voulu changer cette jurisprudence.

Nous répondrons : La question de l'inaliénabilité de la dot mobilière était gravement controversée dans l'ancien droit ; d'ailleurs, la preuve que le législateur a voulu couper court à toute difficulté pour l'avenir, c'est qu'il a dit expressément, dans l'article 1554 : *Les immeubles constitués en dot sont inaliénables.*

3° La fortune mobilière des femmes est tout aussi digne de protection que leur fortune mobilière.

Nous sommes loin de le contester, et nous avons reconnu plus haut que la Cour de cassation a peut-être décidé ce que devrait contenir la loi : mais c'est là une question de législation qu'il n'appartient pas au pouvoir judiciaire de trancher.

ARTICLE III.

CAPACITÉ DE L'EMPRUNTEUR.

107. L'emprunteur doit être capable de s'obliger. Il nous faut encore une fois passer en revue la liste des incapables : nous les avons étudiés relativement à l'aliénation ; nous allons maintenant les examiner à l'égard de l'obligation.

108. 1° Le mineur ne peut pas emprunter sans les autorisations que nous dirons bientôt ; capable d'acquérir, il ne l'est pas de s'obliger.

La propriété ne lui est même transférée que s'il le veut bien. La chose prêtée vient-elle à périr, il attaquera le contrat lui-même ; l'ayant fait annuler, il est censé n'avoir jamais été propriétaire ; il n'est donc tenu d'aucune restitution, puisqu'il se trouve simplement débiteur d'un corps certain.

109. La faveur est plus grande encore : comme il ne saurait être actionné en remboursement par suite d'un contrat qui n'existe pas contre lui, l'emprunteur ne sera tenu de restituer qu'en vertu d'un principe d'équité qui ne lui permet pas de s'enrichir aux dépens d'autrui. Aussi il est libéré, non-seulement quand la chose a péri par cas fortuit, mais encore lorsqu'elle a péri par *son fait*, et sans qu'il en soit résulté aucun profit pour lui. En un mot, le mineur, comme en droit romain, ne peut être poursuivi que *quatenus lo-cupletior factus est.*

110. La bonne foi du prêteur ne suffirait pas à établir son droit : il faudrait qu'il démontrât le *dol* de l'emprunteur et les manœuvres frauduleuses destinées à le faire croire majeur, pour qu'il réussît à obtenir un remboursement qui dépassât les limites de l'enrichissement du mineur.

111. On sait qu'il s'agit ici d'une nullité relative : l'emprunteur peut donc, en se fondant sur les termes d'un contrat qu'il a seul le droit d'attaquer, repousser les prétentions du prêteur, dans le cas où celui-ci demanderait la restitution de la chose avant l'échéance.

112. Nous avons considéré jusqu'ici le mineur comme agissant seul ; mais l'emprunt est, aux yeux du législateur, un acte si dangereux, que la présence du tuteur ne suffirait pas pour l'habiliter à emprunter. La loi exige une autorisation du conseil de famille, quand même le tuteur serait le père ou la mère de l'enfant (1). Cette autorisation n'est accordée que si le tuteur prouve au conseil de famille, en présentant un compte sommaire, que l'emprunt est absolument indispensable, ou évidemment avantageux. La nécessité de l'emprunt ne serait suffisamment établie dans aucun cas, si le compte sommaire fourni par le tuteur ne venait s'y adjoindre. Aussi les auteurs blâment tous un arrêt qui a dispensé le tuteur du compte sommaire, parce qu'il s'agissait d'une expropriation forcée (2).

113. La loi exige plus encore : la délibération dont il s'agit doit être homologuée par le tribunal de première instance, sur les conclusions du procureur impérial.

On a contesté la nécessité de cette homologation pour l'emprunt : on s'est fondé sur ce que l'art. 458 est ainsi conçu : Les délibérations du conseil de famille *relatives à cet objet* ; or, dit Locré, cet objet, c'est ce dont l'art 457 a parlé en dernier lieu, c'est-à-dire l'hypothèque et l'aliénation. Nous ne saurions partager cette opinion : il y a peut-être une faute de langage dans la ré-

(1) Art. 457 C. N.
(2) Bordeaux, 17 mars 1813.

daction de l'art. 458. Mais l'intention du législateur nous paraît évidente : *cet objet*, c'est tout ce dont il a été question dans l'article précédent, ce sont tous les actes pour lesquels l'autorisation du conseil de famille est nécessaire, l'emprunt aussi bien que le reste. Nous n'en voulons pas d'autre preuve que l'art. 483, relatif au mineur émancipé : pour celui-ci, lorsqu'il emprunte, l'homologation est nécessaire ; comment n'en serait-il pas de même, et à plus forte raison, pour le mineur non émancipé (1)?

114. Si le prêt, contracté sans ces formalités, est nul par rapport au mineur, il n'en est pas de même à l'égard du tuteur qui a contracté au nom de son pupille, et à la charge duquel doivent rester les suites du contrat. Nous pensons qu'il peut être tenu de restituer au prêteur tout ce qui dépasse les limites de l'enrichissement du mineur, à titre de dommages-intérêts, et afin de rendre le prêteur complétement indemne ; car il est responsable du dommage qu'il lui a causé par sa négligence, d'une part, en ne faisant pas régulariser l'emprunt par un conseil de famille ou par le tribunal, et d'autre part, en ne surveillant pas l'emploi que le mineur a fait de l'objet prêté (2); car si cet emploi eût été complétement utile, le prêteur pourrait poursuivre pour le tout le mineur lui-même.

115. 2° Nous savons déjà que les règles de la minorité sont identiquement applicables à l'interdiction.

116. 3° Les précautions prises en faveur du mineur émancipé sont les mêmes : asssistance du curateur, autorisation du conseil de famille, homologation du tribunal civil, et conclusions du ministère public (3). L'orateur du gouvernement exprimait énergiquement la nécessité de sauvegarder ainsi les jeunes gens contre les dangers de l'emprunt, lorsqu'il disait au corps législatif : *L'emprunt, ce fléau de l'inexpérience, qui ne doit pas exister, même pour un mineur émancipé.* — A défaut de ces formalités, le prêt est nul et tout se passe comme si le mineur n'eût pas été émancipé.

117. Le curateur n'est responsable vis-à-vis du prêteur que s'il a garanti formellement le remboursement : sans quoi le prêteur, qui

(1) Art. 458 C. N. — Merlin, v° Hypoth., sect. 2, § 3, art. 6, n° 2.
(2) Art. 1383 C. N.
(3) Art· 483 C. N.

connaissait les bornes du pouvoir du curateur, devait savoir à quoi s'en tenir sur le sort du contrat qu'il faisait (1).

118. 4° Le prodigue, pourvu d'un conseil judiciaire, est considéré, par rapport aux actes qui sont spécifiés dans le jugement, comme un interdit (2). Parmi ces actes figurera toujours l'emprunt, car c'est en empruntant que les prodigues se ruinent. Toutefois, il y aura cette différence que le prodigue pourra emprunter avec l'assistance unique de son conseil, sans autorisation du conseil de famille ni homologation du tribunal.

119. Nous ne rencontrons pas, comme en droit romain, cette grande classe d'incapables que l'on appelait les fils de famille : chez nous, la puissance paternelle, et l'incapacité du fils cessent avec la minorité. A vingt et un ans, on est libre de bien ou de mal faire, de prêter ou d'emprunter (3).

120. 5° La femme mariée peut-elle emprunter sans l'autorisation de son mari? Nous avons annoncé que de graves difficultés s'élèvent à cet égard, dès que l'on considère une femme qui, en vertu de son contrat de mariage, a le droit d'administrer tout ou partie de ses biens. (S'il s'agissait d'un régime où la femme n'a pas l'administration, il va sans dire que nous devrions la traiter comme un mineur et que le prêt serait nul).

121. La difficulté ne commence donc que pour la femme séparée de biens; et nous avons montré (4) d'où venait cette difficulté. L'article 217 est ainsi conçu : *La femme même séparée de biens, ne peut aliéner sans le consentement de son mari.* Meubles ou immeubles, la loi prohibe sans distinction toute aliénation non autorisée par le mari. L'article 1449, au contraire, après avoir donné à la femme l'administration ajoute : *elle peut disposer de son mobilier et l'aliéner.*

---

(1) Art. 1997 C. N. — M. Duranton, t. VIII, n° 696.

(2) Art. 499.

(3) Le Code sarde a conservé des vestiges du sénatus-consulte macédonien. Le prêt fait à un fils de famille, même majeur, sans la participation de celui sous la puissance duquel il se trouve, est nul. Le préteur ne peut en exiger le remboursement, même après l'émancipation de l'emprunteur (art. 1918). V. M. Anth. de Saint-Joseph, 2° édit., t. I, p. 188 et suiv.

(4) N° 100.

(5) Loi du 10 juillet 1850.

On a vu que l'on est d'accord pour restreindre ces pouvoirs, au moins quant aux aliénations à titre gratuit : le prêt lui est donc interdit.

122. Mais voici qui est plus grave ! La prohibition dont nous avons parlé ne peut s'entendre que du prêt sans intérêts : or, il faut l'avouer, prêter pour le seul plaisir de rendre service, sans l'espoir d'un bénéfice, c'est chose rare, et notre défense ne sera pas bien gênante.

Il en est tout autrement quand il s'agit d'emprunt; et lorsque nous nous demandons si la femme séparée peut s'obliger sur ses meubles, c'est-à-dire emprunter jusqu'à concurrence de son mobilier, notre réponse s'étend jusqu'au prêt à intérêt, et par conséquent, sa portée est plus large et plus pratique.

123. Trois systèmes ont été proposés, quant à la capacité de la femme séparée. Sans entrer dans tous les détails que pourrait exiger une aussi grave question, nous pensons qu'il est nécessaire d'exposer sommairement chacun de ces systèmes, et les arguments qu'on invoque à leur appui.

124. *Premier système.* — On a d'abord pensé que l'art. 1449 venait créer un système nouveau en corrigeant l'art. 217. La femme séparée n'a pas seulement l'administration de ses biens; *elle peut aliéner ses meubles;* l'art. 1449 l'a dit en toutes lettres. Donc elle peut aliéner, même en dehors de l'administration. Ce n'est pas tout encore : puisqu'elle peut aliéner directement, elle a le droit d'arriver indirectement à un résultat analogue, c'est-à-dire qu'elle peut s'obliger jusqu'à concurrence de son mobilier : par exemple, elle peut emprunter, et le prêteur poursuivra le remboursement sur les biens meubles de la femme séparée. C'est ce que décident plusieurs arrêts (1).

125. *Deuxième système.* — La jurisprudence a bientôt restreint les pouvoirs de la femme dans des limites plus étroites : oui, disent six arrêts de cassation et autant d'arrêts de cours impériales, la femme peut aliéner directement ses meubles, puisque l'art. 1449 lui en accorde expressément la faculté ; mais il ne faut pas sortir

(1) Req., 16 mars 1813. — Id., 18 mai 1819. — Besançon, 31 janvier 1827. — Paris, 3 mars 1832.

des termes formels de la loi, qui prévoit une aliénation direct :, et n'a pas entendu parler d'aliénation indicte. Or c'est indirectement que la femme qui emprunte aliène ses meubles; car elle s'oblige à un remboursement qui est garanti par ses biens mobiliers. Donc l'emprunt est interdit à la femme séparée, et le prêteur ne pourra pas poursuivre la restitution, même sur les meubles de la femme, dès que celle-ci a contracté sans autorisation de son mari ou de justice.

126. *Troisième système.* — M. Troplong veut circonscrire dans des bornes plus étroites encore la capacité de la femme séparée de corps ou de biens. D'après le savant magistrat, l'aliénation ne serait permise que si elle est elle-même un acte d'administration. Il invoque à l'appui de cette opinion plusieurs arrêts que nous avons cités en faveur du second système (1), et qui renferment ce considérant : « Attendu que la règle, posée par l'art. 217, est » celle de l'incapacité; que si l'art. 1449 autorise certains actes, » c'est une exception au droit commun, qui, par conséquent, ne » saurait être étendue; que cette exception a pour but unique de » permettre des actes d'administration; que les actes dont il s'agit » n'étaient pas des actes d'administration, etc. »

127. Pour nous, il nous paraît que le second système doit être adopté; les deux autres nous semblent excessifs, le premier par la latitude qu'il laisse à la femme, et le troisième, au contraire, par ses restrictions.

M. Troplong a raison de le dire, l'art. 217 pose la règle générale à laquelle il faut obéir à moins d'exception formellement exprimée par la loi : règle salutaire d'ailleurs, et que la raison aussi bien que les principes de droit commandent d'observer toutes les fois que le législateur n'y a pas expressément dérogé; l'art. 1449 contient cette dérogation : il permet *d'aliéner*. Restons dans les termes stricts de la loi : *aliéner*, c'est faire une opération directe, immédiate, mais ce n'est pas s'obliger, et par cette obligation, s'exposer aux risques d'une aliénation ultérieure; la loi permet l'aliénation directe, c'est aussi tout ce que nous pouvons permettre, mais l'aliénation indirecte, l'emprunt qui donnerait le

(1) Cass., 3 janv. 1831. — Id., 7 déc. 1830.

droit au créancier de se payer sur le prix des meubles de la femme, n'est pas prévu par l'article d'exception, et rentre par conséquent dans la prohibition générale de l'art. 217.

128. On comprend, d'ailleurs, cette différence. Dans l'aliénation indirecte, la femme ne s'aperçoit pas des conséquences d'un emprunt ou d'un mandat, comme elle les verrait pour une vente. Immédiatement dépouillée, elle sait ce qu'elle perd ; empruntant, elle voit un accroissement d'actif sans prévoir peut-être les dangers de l'avenir. C'est ainsi que la loi *Julia*, permettant l'aliénation, défendait l'hypothèque. Voilà pourquoi nous repoussons le premier système, et nous pensons que la femme séparée ne peut pas emprunter sans y être habilitée par une autorisation préalable.

129. Quant à la doctrine enseignée par M. Troplong, elle n'a plus d'intérêt pour nous puisque nous prohibons l'emprunt, même en admettant un système plus large que celui du savant magistrat. Nous dirons, toutefois, que nous ne l'adoptons pas parce que tout en reconnaissant qu'il faut se garder d'étendre les exceptions, nous pensons que la loi est formelle dans l'art. 1449. Elle permet deux choses distinctes : 1° l'administration, ce qui entraîne les aliénations nécessaires à l'administration ; 2° l'aliénation des meubles, et par conséquent, l'aliénation qui ne constitue pas un acte d'administration.

130. La femme dotale a l'administration de ses biens paraphernaux ; mais ici, l'opinion de M. Troplong, que nous repoussions à l'égard de la femme séparée, nous paraît devoir être adoptée sans hésitation ; l'art. 1576 est tout autrement rédigé que l'art. 1449 : il ne contient pas, comme celui-ci, deux exceptions à l'art. 217, administration et aliénation ; mais, au contraire, s'il donne à la femme l'administration, il lui défend d'aliéner comme le faisait l'art. 217. Ainsi l'aliénation, même directe, dès qu'elle ne constitue pas un acte d'administration, est interdite ; à plus forte raison en est-il de même pour l'aliénation indirecte qui résulterait d'un emprunt.

131. Qu'on ne vienne pas nous dire que souvent un sage administrateur trouve avantage à emprunter. Il faut, pour être sûr de cet avantage, une connaissance des affaires qu'à tort ou à raison nous refusons aux femmes ; si l'emprunt paraît avantageux, que la femme s'adresse à son mari ; et dans le cas où celui-ci refuserait

son autorisation, la justice est là pour remédier aux inconvéniens de l'autorité maritale.

132. Nous savons qu'on a blâmé cette différence entre la femme mariée et celle qui ne l'est pas, veuve ou fille majeure. Capable de tous les actes de la vie civile dans le second cas, a-t-elle une plus grande connaissance des affaires que dans le premier, où nous la déclarons incapable d'agir? Nous n'hésitons pas à répondre affirmativement. La femme mariée s'est donné, nous ne disons pas un maître, mais au moins un directeur ; lorsqu'elle prétend agir seule, sans contrôle et par conséquent en secret, comment espérer qu'elle aura pris assez de renseignemens, demandé assez de conseils pour être assurée que l'affaire est avantageuse? Libre, au contraire, elle n'a pas à se cacher ; elle peut agir avec toute la réflexion désirable ; elle ne fait pas un contrat isolé, par conséquent elle est mieux initiée à la gestion d'une fortune par l'habitude qu'elle a de traiter les affaires, par un ordre d'idées et d'études qui est le plus souvent étranger à la femme mariée ; il n'est pas rare qu'en semblable circonstance, elle fasse preuve d'une finesse et d'une pénétration dont seraient fiers les hommes les plus habiles.

133. Nous n'avons parlé jusqu'ici que de l'incapacité résultant du défaut d'autorisation. Mais, comme nous l'avons dit, lorsqu'il s'agissait de prêter, il est une autre incapacité qui peut subsister même après que le mari a autorisé le contrat : c'est l'incapacité spéciale résultant du régime dotal.

134. Cette incapacité n'a pas d'influence sur la faculté de prêter ; nous l'avons vu lorsque nous nous sommes prononcé pour le système de l'aliénabilité de la dot mobilière ; elle en a une indirecte sur le pouvoir d'emprunter, en ce qu'elle diminue le crédit de la femme. Expliquons-nous à cet égard.

135. La femme dotale, empruntant avec l'autorisation de son mari, ne peut pas attaquer un acte auquel elle a été habilitée ; le contrat est donc valable, et la dotalité n'a pas d'influence à cet égard.

Mais elle va en avoir une bien grande sur la garantie que le créancier doit trouver dans les biens de son débiteur; cette garantie est singulièrement amoindrie puisqu'elle ne peut porter que sur les meubles dotaux (en les admettant aliénables), et sur les paraphernaux. Le créancier n'a aucune prise sur les immeubles dotaux, puisqu'ils sont inaliénables ; on conçoit dès lors combien doit souffrir le crédit d'une femme mariée sous le régime dotal.

136. Il en sera ainsi, dans notre opinion, quand même une clause spéciale du contrat de mariage aurait permis d'aliéner le fonds dotal : nous nous appuyons à cet égard sur une distinction déjà faite entre l'aliénation directe et l'aliénation indirecte. En effet, la vente met aux mains de la femme un prix immédiat dont elle peut faire un remploi ou tirer profit. L'affectation du bien dotal, au contraire, lui fait courir des risques inutiles.

La règle est l'inaliénabilité ; il s'agit d'une exception qui doit être interprétée strictement, c'est pour la même raison que, d'après l'opinion générale, la clause permettant d'aliéner les immeubles dotaux n'entraîne pas la permission de les hypothéquer (1).

137. *Municipalités.* — Il est une autre classe d'incapables d'un genre particulier et protégée par une législation toute spéciale, ce sont les municipalités.

L'emprunt est considéré pour les municipalités comme une ressource extraordinaire à laquelle il ne faut recourir que dans une nécessité bien reconnue.

138. Plusieurs circulaires ministérielles, entre autres celles du 12 août 1840 (M. de Rémusat) et du 13 juillet 1841 (M. Duchâtel), ont insisté sur ce point. Elles montrent les inconvénients des emprunts, et la nécessité d'en préserver les villes et les communes. Elles indiquent les précautions à prendre pour que l'autorisation d'emprunter puisse être accordée en toute connaissance de cause et sans dangers : le chiffre de la somme à emprunter doit être fixé par un projet régulièrement approuvé. L'emprunt ne doit être fait que pour douze ans, au maximum. Les ressources sur lequelles la commune compte pour s'acquitter doivent être désignées avec soin.

139. Quant à l'autorisation, elle est accordée, tantôt par un décret, le conseil d'État entendu, tantôt par une loi. Avant la loi de 1818, les lois des 14-18 décembre 1789, art. 54, 22 décembre 1789, sect. 3, art. 6, 7-11 fév. 1791 et 5-10 août sui-

(1) Ainsi jugé, C. C., 31 janv. 1837.

vant, exigeaient pour toutes les villes, quel que fût leur revenu, l'autorisation du corps législatif. Mais la loi du 15 mai 1818, art. 43, a établi une distinction entre les communes dont le revenu dépasse 100,000 fr. et celles qui ont un budget inférieur. Pour les premières, une loi est nécessaire; pour les secondes, il suffit d'un décret rendu par l'empereur dans la forme des règlements d'administration publique. — En vertu de la loi du 18 juillet 1837, art. 41, pour les cas urgents et dans l'intervalle des sessions des chambres, le roi (aujourd'hui l'empereur) peut autoriser les communes de la première catégorie à emprunter des sommes qui ne dépassent pas le quart de leurs revenus, pourvu que ce quart ne soit pas déjà absorbé par des emprunts antérieurs, et que les chambres sanctionnent l'ordonnance royale au commencement de la session suivante.

140. La même loi (art. 42) prescrit une nouvelle mesure de précaution. Les délibérations par lesquelles les communes demandent à contracter un emprunt ne sont plus prises par le conseil municipal seulement; on doit y convoquer les plus imposés de la commune, en nombre égal au nombre des conseillers municipaux.

Si les plus imposés sont des incapables (femmes mariées, mineurs, etc.), ils ne peuvent pas être représentés par des fondés de pouvoir; il faut alors prendre à la suite, sur la liste des habitants les plus imposés (circulaire de M. Duchâtel, 14 fév. 1843).

ARTICLE IV.

OBLIGATION DE RESTITUER.

141. La convention de prêt contient virtuellement l'obligation de restituer, sans qu'il soit besoin de l'exprimer. Autrement, ce serait une donation : cette donation (s'il s'agit du prêt consensuel que, dans une autre opinion, on appelle promesse de prêt) serait nulle pour ne pas être revêtue des formes solennelles que la loi exige. La donation échapperait au contraire à cette nullité, si la livraison accompagnait la convention, car elle rentrerait dans la classe des donations manuelles.

Mais encore une fois, dès que le mot *prêt* est prononcé, l'obligation de vendre est née; le bon sens et l'article 1892 le disent assez.

142. Quant à ce que doit rendre l'emprunteur, nous l'examinerons en détail lorsque nous traiterons des obligations de l'emprunteur.

ARTICLE V.

DU CONCOURS DE VOLONTÉS.

143. Tout contrat suppose un concours de volontés; qu'arrive-t-il donc si ce concours n'existe pas, et si les parties ne sont pas d'accord sur le contrat qu'elles ont entendu faire?

144. On se souvient des difficultés que cette question a soulevées en droit romain; sans revenir sur ces controverses, nous voulons montrer combien les progrès du droit les ont simplifiées.

145. L'une des deux parties contractantes a cru qu'il s'agissait d'un prêt; l'autre a en vue un autre contrat. Il convient d'examiner séparément deux cas que, dans tous les temps, on a distingués avec soin : ou le contrat que l'on a envisagé par erreur entraîne, comme le prêt, une translation de propriété, c'est, par exemple, une donation; ou il ne constitue qu'une détention précaire, comme le louage et le dépôt.

146. 1° Commençons par le second. J'ai pensé déposer mille francs entre les mains de Paul, qui les a reçus à titre de prêt. Il n'y a ni prêt ni dépôt; je pourrai revendiquer immédiatement les mille francs, et la force majeure sera à mes risques et périls. Mais si Paul les a consommés *de bonne foi*, on décide comme en droit romain, *consummatione reconciliatur mutuum*. Je serai obligé d'attendre l'époque que Paul s'était figuré avoir été fixée pour la restitution (1).

147. 2° Passons maintenant au cas où les deux parties ont été au moins d'accord sur ce point sur la translation de propriété : j'ai cru faire une donation à Paul, lequel a pensé recevoir un prêt.

Ulpien disait : Il n'y a ni prêt ni donation, par conséquent la revendication immédiate est possible; mais si Paul a consommé de bonne foi, *reconciliatur donatio*.

(1) Pothier, n° 16. — M. Troplong, n°ˢ 193 et 194.

Julien repoussait la donation. Nous avons encore de meilleures raisons que le jurisconsulte romain pour faire comme lui. Chez nous, la donation est un contrat solennel qui ne saurait dans aucun cas être validé, lorsqu'il n'a pas été conclu dans les formes exigées par la loi. Ainsi, consommée ou non consommée, la chose ne saurait être donnée.

148. Toutefois, si la livraison est concomitante à la convention, nous devons reconnaître que la donation est inattaquable, parce qu'elle rentre dans la catégorie des dons manuels. Est-ce là une règle de droit qui fasse fléchir les principes? Non, c'est le résultat d'un fait matériel, de l'impossibilité de constater quelque chose d'aussi fugitif que le don manuel; mais les raisons fournies par le jurisconsulte romain n'en subsistent pas moins, et en principe, il faut dire encore que la chose n'est pas donnée.

149. Mais est-elle prêtée? Sans aucun doute, et nous sommes étonné que de savants commentateurs (1) aient suivi l'opinion d'Ulpien. Pour nous, nous n'hésitons pas à décider qu'il y a prêt avant toute consommation. Évidemment, la propriété a été transférée puisque la convention suffit pour cela, et que les parties étaient d'accord à cet égard. Qu'on prouve donc le prêt à l'emprunteur, et il restituera à l'époque qu'il croyait être fixée, mais pas avant; car il est propriétaire.

150. Du reste, les créanciers peuvent démontrer aux tribunaux que les parties ont entendu faire un autre contrat que celui dont elles ont choisi le nom. Ce ne serait plus un vice du consentement, mais simplement une erreur de dénomination. Ainsi, on a pu considérer comme un prêt l'acte de dépôt dans lequel les espèces de monnaies qui composaient la somme déposée n'ont pas été spécifiées (2).

Ainsi encore, il a été jugé qu'un acte, bien que qualifié par les parties acte de vente à réméré, peut être déclaré ne constituer qu'un prêt pour sûreté duquel les immeubles aliénés ont été donnés en gage (3).

(1) Pothier, n° 17. — M. Duranton, n° 570.
(2) Besançon, 13 novembre 1811, aff. Arcelin.
(3) Cass., 31 janv. 1837, aff. Bobée.

CHAPITRE III.

DES OBLIGATIONS DU PRÊTEUR.

151. Nous avons dit, dans le chapitre premier, que le prêt est tantôt un contrat unilatéral, et tantôt un contrat synallagmatique; et ce point mérite quelques développements. En effet, le Code soumet le prêteur à deux devoirs, qui, existant toujours dès qu'il y a prêt, rendraient *toujours* le contrat synallagmatique si ces devoirs constituaient de véritables obligations nées du prêt lui-même. Nous nous sommes promis de démontrer le contraire, et pour cela, nous étudierons l'un après l'autre chacun de ces deux devoirs, que le Code a appelés, *les obligations* du prêteur.

152. 1° *Lorsque la chose prêtée a des défauts tels qu'elle puisse causer du préjudice à celui qui s'en sert, le prêteur est responsable s'il connaissait les défauts et n'en a pas averti l'emprunteur* (1).

Cette règle, commune au commodat et au prêt de consommation, est l'expression d'un devoir de morale et d'équité qui frappe par son évidence. Quand l'emprunteur vient vous demander un service et que vous faites dégénérer ce service en une cause de dommage, « vous commettez une véritable trahison (2). Quel nom donner à » un homme qui prêterait une chose qu'il saurait ne pouvoir être » employée sans compromettre la vie, la santé ou la fortune de » celui qui en ferait usage? La réparation du mal pourrait n'être » pas toujours une punition suffisante de l'odieuse perfidie qui ose » prendre le masque de la bienfaisance (3). »

153. Mais autant il faut être sévère lorsqu'une si coupable intention est établie à la charge du prêteur, autant il faut mettre de prudence et de réserve à supposer le dessein de nuire, caché sous les apparence d'un service rendu. Un pareil dessein est chose rare, et il faut, pour qu'on puisse y croire, des preuves bien évidentes et bien certaines.

154. D'un autre côté, si l'on exposait le prêteur aux recher-

(1) Art. 1891 et 1898 C. N.
(2) Cicéron, De officiis, l. 1, c. 14.
(3) Rapport au tribunal de Boulteville, 16 vent. an XII.

ches inquiètes de l'emprunteur, on détournerait les personnes of-
ficieuses de prêter : « la responsabilité ne doit être imposée au prê-
» teur que dans les cas où l'équité l'exige (1). » La loi et les commentateurs modernes, corrigeant la doctrine trop absolue de Pothier (2), nous paraissent avoir posé les véritables principes en cette
matière.

155. On le voit, la responsabilité du prêteur en pareil cas n'est
pas fondée sur le contrat ; elle a sa source dans les principes généraux du droit et dans l'article 1382.

156. La loi n'attache la responsabilité qu'à la connaissance du
défaut, source de dommage. La bonne foi du prêteur le mettrait
à l'abri de toute demande de dommages et intérêts, et il est
mieux traité à cet égard que le vendeur, lequel, s'il ignorait les
vices de la chose, est toujours tenu à la restitution du prix et au
remboursement des frais (3). La raison de cette différence est bien
simple, le vendeur, retirant un profit de sa chose, doit répondre
de toutes ses imperfections dommageables; tandis que le prêt
étant gratuit, le prêteur ne doit pas encourir de responsabilité
lorsqu'il livre sa chose telle qu'elle est et dans l'ignorance de ses
vices (4).

157. Nous sommes, sur ce premier point, d'accord avec Pothier. Mais l'illustre jurisconsulte voit une faute lourde, qu'il assi-
mile au dol, dans la conduite que tient le prêteur, en négligeant
de rechercher si la chose qu'on lui demande est propre à l'usage
qu'on en veut faire (5). Nous ne saurions adopter cette opinion. Il
ne peut y avoir de faute lourde à la charge du prêteur, qui n'est
responsable que de son *dol*, c'est-à-dire de la dissimulation inten-
tionnelle d'une qualité malfaisante.

Cela nous paraît résulter évidemment du texte même de la loi
et de la nature du contrat. On vient demander un service au prêteur qui le rend, sans se préoccuper du but que l'on se propose : il
n'a pas l'intention de nuire, mais la chose prêtée est impropre à

(1) M. Tronchet au C. d'État.
(2) Nos 51 et 52.
(3) Art. 1643 et 1646.
(4) Le président Favre, sur la loi 18, § 3, D. com.
(5) Du prêt à usage, n° 84.

l'usage qu'en veut faire l'emprunteur; tant pis pour celui-ci, qui aurait dû indiquer cet usage.

158. Nous exigeons l'intention de nuire, sans nous préoccuper du but que l'emprunteur s'est proposé, lorsque celui-ci ne l'a pas clairement indiqué. En effet, que dit la loi? Le prêteur est responsable, *s'il connaît les défauts de la chose;* or, tant que la chose n'est pas malfaisante en soi, ce n'est pas un défaut *connu* que d'être impropre à un usage *inconnu.* Que dit encore la loi? Le prêteur est responsable si la chose a des défauts tels *qu'elle puisse causer un préjudice* à celui qui s'en sert. Or de quel préjudice se plaindrait l'emprunteur?

159. Notre décision repose aussi sur la nature d'un contrat dans lequel, si l'on n'a reçu qu'une chose inférieure, l'équilibre se trouve rétabli, puisque c'est une chose inférieure que l'on doit restituer, sur la nature d'un contrat de bienfaisance dans lequel il faut se montrer très-réservé lorsque l'on apprécie la conduite du bienfaiteur (1).

160. Si l'emprunteur connaît d'avance le défaut de la chose qu'il emprunte, le prêteur se trouve évidemment déchargé de toute responsabilité. Tout le monde est d'accord sur le premier point, lorsque l'emprunteur est averti par le prêteur lui-même ou par un autre; c'est à l'emprunteur à voir s'il lui convient, ou non, d'accepter le prêt.

161. Il en serait de même certainement si le vice était évident, et ne pouvait échapper à une première inspection (2).

162. Mais nous pensons qu'on doit aller plus loin encore : il ne suffit pas, pour que le prêteur encoure les peines de la responsabilité, que le vice soit inconnu; il faut qu'il soit impossible à connaître avant le contrat. Nous n'approuvons donc pas l'exemple choisi par Pothier : « Si vous avez prêté une certaine quantité de » mauvaise huile à quelqu'un qui ne s'y connaissait pas, et que » vous la lui ayez présentée comme bonne, ou même que, sans as- » surer expressément qu'elle était bonne, vous lui en ayez dissi- » mulé le vice, non-seulement l'emprunteur ne sera pas obligé

(1) Favre, sur la loi 18, § 3, D. com. — Accurse, ibid. — M. Troplong, Prêt à usage, n° 163.
(2) Delvincourt, t. III, notes, p. 410.

» de vous rendre de bonne huile, mais si l'usage qu'il a fait de cette
» huile lui a causé quelque préjudice, vous devez être tenu de ses
» dommages et intérêts (1). »

L'emprunteur ne s'y connaissait pas ! Tant pis pour lui ; il n'a-
vait qu'à faire venir un connaisseur, un dégustateur ; et alors le
prêteur eût été responsable : à notre avis, les défauts doivent être si
bien cachés que l'emprunteur fût dans une impossibilité absolue de
les découvrir.

163. D'ailleurs, le vice dont parle Pothier ne serait pas reconnu
comme rédhibitoire en matière de vente : *Le vendeur n'est pas tenu
des vices apparents et dont l'acheteur a pu se convaincre lui-
même* (2). Un acheteur ne serait pas reçu à venir prétendre qu'il ne
ne se connaissait pas en huile : à plus forte raison doit-il en être de
même lorsqu'il s'agit de prêt : d'abord c'est un contrat de bienfaisance ; ensuite, si cette huile est imparfaite, ce ne sera aussi que de
l'huile imparfaite que l'emprunteur devra rendre (3).

164. Par application du même principe, Pothier ajoute : « Si
» vous m'avez prêté une certaine quantité de choses fongibles que
» vous saviez ne pas vous appartenir, et que vous m'avez prêtées
» comme choses à vous appartenant, et qu'après que j'ai fait des
» préparatifs pour l'usage que j'en voulais faire, lesquels m'ont con-
» stitué en dépense, ces choses que je n'avais pas encore employées
» aient été saisies et arrêtées sur moi par le propriétaire à qui j'ai été
» obligé de les délaisser, vous serez tenu des dommages et intérêts
» que j'ai soufferts de cette éviction. Votre obligation ne naît pas
» du prêt ; car il n'y a pas eu à proprement parler de contrat de prêt,
» faute de translation de propriété des choses prêtées, laquelle est
» de l'essence de ce contrat ; mais elle naît du dol que vous avez
» commis en me disant que ces marchandises vous appartenaient. »

165. Il y a deux graves modifications à apporter à cette doctrine.
L'emprunteur ne pourra se plaindre d'avoir ignoré que la chose
n'appartenait pas au prêteur, que s'il a pris toutes les mesures nécessaires pour être complétement informé sur cette question de
propriété. Ce sera un point de fait soumis à l'appréciation des tri-

(1) No 52.
(2) Art. 1642 C. N.
(3) M. Duranton, no 580.

bunaux : l'emprunteur a-t-il pu, a-t-il dû nécessairement ignorer le vice de la chose, grâce aux coupables manœuvres du prêteur (1)?

Mais ce vice existe-t-il tout simplement parce que la chose n'appartenait pas au prêteur? En aucune façon ; car, pour avoir le droit de se plaindre, il faut que l'emprunteur soit obligé, comme le dit Pothier, « de laisser la chose au propriétaire. » Or il n'est pas évincé pour cette seule raison que le prêteur n'était pas propriétaire ; il faut encore que la chose ait été perdue ou volée. Mais ce n'est pas tout encore : fût-il obligé de délaisser la chose, l'emprunteur pourrait n'avoir rien à dire : en effet, même si la chose n'a été ni perdue ni volée, l'emprunteur est évincé s'il savait qu'on lui prêtait la chose d'autrui ; et alors, connaissant les vices de l'objet, il ne peut se plaindre d'avoir été trompé.

166. Restreignons donc encore la proposition de Pothier, et disons que le prêteur n'est responsable que s'il a prêté une chose volée ou perdue à un emprunteur qui est dans l'impossibilité absolue de connaître cette circonstance.

167. 2° *Le prêteur ne peut pas redemander les choses prêtées avant le terme convenu* (2). — N'est-ce pas là, comme le fait très-bien remarquer M. Duranton (3), bien moins une obligation que l'absence d'un droit? Et en effet, dans le prêt de consommation, la chose prêtée n'est plus au prêteur, elle appartient à l'emprunteur ; le prêteur n'est qu'un simple créancier qui, ayant accordé un terme, ne peut agir avant son expiration, non pas à cause d'une obligation de sa part, car il n'est réellement point obligé, mais à raison de l'absence du droit pour lui de pouvoir agir plus tôt. Dans le cas de prêt à usage, le prêteur ne peut pas non plus redemander la chose avant le terme convenu ; mais c'est là pour lui une véritable obligation résultant du contrat de prêt, car, sans elle, il pourrait réclamer la chose quand bon lui semblerait, puisqu'elle demeure sa propriété.

168. M. Troplong (4) s'élève avec force contre cette distinction, qu'il traite de subtilité. Comme lui, sans doute, nous ne sommes

(1) M. Duranton, n° 580.
(2) Art. 1899.
(3) T. XVII, n° 581.
(4) N° 254.

pas de ceux qui, par amour de la rubrique, interdisent impitoya-
blement au législateur de suivre une idée, soit dans les notions accessoires, soit dans les extensions ou les limitations qui peuvent
dévier un peu de l'intitulé. Pour nous aussi une section est un
cadre, d'où l'on peut sortir par suite d'une occasion ou d'un en-
traînement. Nous ne ferons donc pas le procès à notre article,
parce que, placé sous l'intitulé des *Obligations*, il ne contient pas
une obligation proprement dite ; mais tout en avouant que la place
était naturelle pour dire qu'il est interdit au prêteur de réclamer
le remboursement avant le terme fixé, nous n'en pensons pas
moins que l'article, même ainsi placé, exprime l'absence d'un droit
et non pas une obligation : ce n'est pas une critique, c'est une
question de théorie.

169. Nous avons dit quelle était pour nous la raison de décider.
Le prêteur est un créancier à terme ; avant le terme, il n'a pas le
droit d'agir. Voilà tout ce qu'a voulu dire l'article 1899. M. Troplong nous répond : Si, par un motif quelconque, le prêt était nul,
le prêteur pourrait agir immédiatement : c'est donc le contrat, le
vinculum juris qui l'empêche d'agir ; et s'il n'agit pas, c'est qu'il
est enlacé dans les liens d'une obligation *ex contractu*. En d'autres
termes le savant magistrat développe une proposition qui se réduit
à celle-ci : Il y a obligation toutes les fois qu'une personne est
empêchée d'agir en vertu d'un contrat dont la nullité donnerait
sur-le-champ naissance à une action.

170. Cette proposition est loin de nous paraître exacte. En effet, le prêteur pourrait réclamer *sa* chose immédiatement si le contrat était nul, précisément parce qu'en l'absence du contrat il ne
serait pas simplement créancier à terme, mais propriétaire : c'est le
prêt qui l'a fait créancier, qui lui a donné une position telle, qu'il
n'a plus qu'un droit *sui generis* sur un objet étranger, au lieu d'a-
voir les droits actuels, immédiats, que confère la propriété. Comment donc étudier cette position caractéristique de *créancier*, en
supposant un état qui exclut l'idée de créance ? C'est cependant la
marche suivie par M. Troplong, qui, examinant les conséquences
du prêt, prend pour point de départ l'absence de prêt. Si l'on admettait une pareille proposition, il nous semble qu'on arriverait
aux résultats les plus étranges. Toutes les fois qu'il y a eu transla-

tion de propriété, il faudrait dire que l'ancien propriétaire, celui qui n'a plus aucun droit sur la chose, est *obligé* à ne pas la réclamer; ainsi le donateur, après la donation parfaite, serait *obligé* de ne pas revendiquer la chose qu'il a donnée; car la nullité du contrat translatif de propriété donnerait sur-le-champ naissance à une action : de sorte qu'on verrait à tout instant l'absence d'un droit transformée en une obligation.

171. Nous avouons ne pas bien comprendre le savant magistrat, qui, après avoir démontré que le prêteur a contracté une obligation, ajoute qu'il ne faut pas en conclure que le prêt de consommation soit un contrat synallagmatique. Nous avons peine à croire qu'une convention, obligeant les deux parties contractantes, ne soit pas bilatérale. Eh quoi! voilà le prêteur *obligé*, de par le contrat, à ne pas réclamer avant l'échéance; voilà le prêt qui est *vinculum juris* pour le prêteur aussi bien que pour l'emprunteur, et cependant c'est un contrat unilatéral! Fort bien quant à l'obligation d'indemniser; le *vinculum juris* résulte des principes généraux du droit; le prêt serait nul qu'on ne serait pas moins obligé de ne pas faire tort à autrui, et le contrat n'est pas synallagmatique pour cela; mais il faut une certaine hardiesse pour démontrer que le prêt est la source d'obligations immédiates pour les deux parties, et ne pas moins en conclure qu'il est unilatéral.

172. Nous évitons cette grave difficulté; nous ne confondons pas le nouvel état des choses qui résulte d'un contrat avec les liens de droit auxquels ce contrat donne naissance, lorsque nous voyons dans l'art. 1899 la consécration d'un principe connu, à savoir qu'avant le terme, le créancier n'a pas encore le droit d'agir.

173. Toutefois, il est des exceptions à ce principe. Non pas qu'on puisse appliquer au prêt de consommation l'art. 1889 relatif au commodat, et ainsi conçu : *Si avant le terme fixé, il survient au prêteur un besoin pressant et imprévu de sa chose, le juge peut, suivant les circonstances, obliger l'emprunteur à la lui rendre.* La raison en est toute simple : l'art. 1889 réserve un droit au propriétaire qui a besoin de sa chose, et qui mérite plus d'égard que le créancier ordinaire; d'ailleurs, l'emprunteur à usage n'ayant pas le droit de consommer, a toujours la chose sous sa main, ce qui lui permet de la rendre sans beaucoup de préjudice, même avant

l'expiration du terme. Dans le prêt de consommation, au contraire, la chose prêtée a pu êt:e consommée, et il serait peut-être difficile et onéreux pour l'emprunteur de s'en procurer une semblable avant l'époque sur laquelle il comptait.

174. Les exceptions dont nous voulons parler sont communes à toutes les créances à terme.

Tout débiteur perd le bénéfice du terme lorsqu'il tombe en faillite, ou lorsque par son fait il diminue les sûretés que par le contrat il avait données au créancier (1).

175. Nous pensons qu'il faut ajouter le débiteur en état de déconfiture, et celui qui ne fournit pas du tout les sûretés promises dans le contrat.

La déconfiture est l'état de faillite d'un non-commerçant; c'est même une position plus grave, puisque pour être en faillite, il suffit de suspendre ses payements, quelle que soit la situation relative de l'actif et du passif; tandis qu'on est en déconfiture seulement lorsque le passif est supérieur à l'actif. On comprend dès lors que le créancier d'une personne en déconfiture est exposé à des pertes plus certaines encore que le créancier d'un failli; il doit par conséquent hâter son recouvrement, et ne pas s'exposer aux nouveaux dangers qu'amènerait l'éloignement de l'échéance.

176. Le législateur a compris cette nécessité pour le créancier d'une rente perpétuelle; il lui permet d'exiger le capital, et met à cet égard sur le même rang la faillite et la déconfiture (2). Il est permis d'appliquer ces principes au prêteur ordinaire, qui se trouve dans une situation plus favorable encore, puisqu'il a agi par bienveillance et sans aucun espoir de gain.

177. Quant au débiteur qui manque complétement à fournir les sûretés promises, il nous paraît devoir être traité plus sévèrement encore que le débiteur qui se borne à les diminuer par son fait; c'est donc par un *à fortiori* que nous lui appliquerions les dispositions de l'art. 1188.

D'ailleurs, nous lisons dans l'art. 1912 que le débiteur d'une rente constituée en perpétuel, peut être contraint au rachat lorsqu'il manque à fournir les sûretés promises. Nous voyons en outre qu'en

(1) Art. 1188 C. N.
(2) Art. 1913 C. N.

pareille circonstance, celui au profit duquel la rente viagère a été constituée moyennant un prix, peut demander la résiliation du contrat (1).

178. Nous avons supposé jusqu'ici qu'un terme avait été fixé pour la restitution : mais il peut se faire que cette précaution n'ait pas été prise, ou que la clause porte que l'emprunteur payerait *quand il le pourrait*, ou même qu'il payerait *quand il le voudrait*.

L'examen de ces questions nous semble devoir être reporté plus loin, et nous y reviendrons lorsque, étudiant les obligations de l'emprunteur, nous montrerons à quelle époque la restitution doit avoir lieu.

179. Pous nous résumer, nous voyons qu'une seule obligation est imposée au prêteur, et c'est aussi la seule que le Code passe sous silence : nous voulons parler de l'obligation de livrer.

Cette obligation, nous le savons aussi, n'est pas permanente; c'est-à-dire qu'elle n'existe pas, lorsque le prêt ne prend naissance qu'à l'instant de la livraison : et alors, bien que le prêteur soit obligé à indemniser l'emprunteur, s'il y a lieu, et à ne pas exiger le remboursement avant l'échéance, le contrat est unilatéral.

CHAPITRE IV.

DES OBLIGATIONS DE L'EMPRUNTEUR.

180. Le premier devoir de l'emprunteur est de rendre la chose prêtée : c'est une obligation de justice et de reconnaissance. Nous avons eu occasion de le dire, *æquissima vox est, et jus gentium præ se ferens : Redde quod debes* (2).

Mais, il faut l'avouer, si l'on est pressé d'emprunter, on ne l'est pas autant pour rendre; souvent on n'oblige que des ingrats, et ce vieux proverbe, cité par Loysel dans ses Institutes coutumières (3), est vrai dans tous les temps :

> Qui preste non r'a !
> Si r'a, non tost.
> Si tost, non tout.
> Si tout, non gré.
> Si gré, non tel !!

(1) Art. 1977 C. N. — M. Duranton, n° 581.
(2) Senq., De benef., lib. 3, c. 14. — (3) L. 4, t. VI.

181. Le meilleur moyen d'empêcher que la crainte de l'ingrati-
tude étouffe la bienfaisance, c'est de rassurer les prêteurs contre ces
dangers en leur donnant la faculté de faire mentir le proverbe de
Loysel : nous ne parlons pas des garanties spéciales que l'on demande aux hypothèques, ou même à la contrainte par corps : ce
sont là des sûretés accessoires qui font la matière spéciale d'autres
titres du Code. Nous n'avons en vue ici que l'action qui naît du prêt
lui-même, action personnelle appelée *condictio* en droit romain,
qui compète au prêteur ou à ses héritiers, et par laquelle on peut
exiger la restitution de la chose prêtée. En quoi consiste cette restitution? A quelle époque et en quel lieu doit-elle être faite? Que doit
rendre l'emprunteur s'il est dans l'impossibilité de restituer une
chose qui réunisse les conditions voulues, et comment cette impossibilité doit-elle être établie? Quelles sont les conséquences du
retard apporté par l'emprunteur à exécuter ses obligations? Enfin,
la perte fortuite de la chose pourrait-elle, dans certains cas, être à
la charge du prêteur, et dispenser l'emprunteur de toute restitution?
Telles sont les nombreuses questions qui nous restent à examiner.

ARTICLE PREMIER.

QUE DOIT RENDRE L'EMPRUNTEUR.

182. Nous devons faire ici une première distinction, suivant que
le prêt a porté sur une somme d'argent ou sur une chose fongible
ordinaire.

183. 1° S'agit-il d'une denrée, d'une marchandise, l'emprunteur
doit rendre même espèce, même quantité, même qualité.

Il doit rendre une chose de même espèce, dans le vrai sens du
mot, et comme l'entendent les dialecticiens de Port-Royal, c'est-à-
dire une chose prise dans une réunion de plusieurs individus ayant
un caractère commun, et formant un genre : nous insistons, parce
que les mots *espèce* et *genre* sont parfois l'occasion d'une difficulté,
quand on se reporte à la classification romaine; Paul, exprimant la
même idée, dit que l'emprunteur doit rendre *non eamdem speciem,
sed idem genus* (1). C'est que pour lui *speciem* c'est un individu,

(1) D., L. 2, De reb. cred.

une corps certain, précisément l'opposé du mot *espèce; genus*, c'est une universalité, contenant plusieurs individus, ce que nous appelons *espèce* en français.

184. Cette remarque de traduction, plutôt que de droit, bien comprise, on voit facilement pourquoi l'emprunteur ne doit restituer ni le même individu ni une chose d'espèce différente. Autrement, on aurait fait un commodat, un dépôt, un échange, mais non pas un prêt de consommation.

Toutefois si l'emprunteur, n'usant pas du droit que le contrat lui attribuait, a conservé la chose en nature sans la consommer, il pourra la rendre individuellement, pourvu qu'elle satisfasse aux conditions de quantité et de qualité que nous allons voir.

185. Il doit rendre même qualité et même quantité : mais peu importe la valeur.

Expliquons-nous : les denrées et les marchandises ont un cours qui varie suivant mille circonstances extérieures, dont la principale est la relation entre l'offre et la demande. Si donc, à l'époque du prêt, la marchandise qui en fait l'objet était très-offerte et peu demandée, fût-elle de qualité supérieure, elle avait relativement peu de valeur. Mais avant l'échéance, supposons qu'un grand événement, la guerre par exemple, ait changé les conditions du marché, et que la demande dépasse l'offre de beaucoup : la même quantité et la même qualité de marchandise peut avoir doublé de valeur. L'emprunteur n'en sera pas moins obligé de s'en procurer à l'échéance, quelque préjudice qu'il en éprouve.

186. Cette obligation est utile et juste : elle est utile, car elle coupe court à toutes les difficultés d'appréciation qui seraient résultées d'une législation différente; elle est juste, car si les variations du marché peuvent s'être produites au détriment de l'emprunteur, le contraire arrivera souvent : le prêt a été fait pendant la guerre, quand toutes les denrées avaient fatalement augmenté de valeur; l'échéance arrive après que la paix est faite, quand la tranquillité revenue attribue à toutes choses leur prix normal. C'est le prêteur qui est en perte, car il a prêté ce qu'il aurait pu vendre 200 fr.; et on lui rend ce qui ne vaut plus que 100! Ainsi les choses sont égales de part et d'autre, et cela doit être, dans toute convention à terme qui a pour règle la justice et la bonne foi.

187. On s'est demandé s'il était loisible à l'emprunteur de rendre une qualité supérieure. Oui, dit le président Favre, car nul n'est blâmable lorsque, volontairement, il paye plus qu'il ne doit ; non, dit Accurse, car les qualités doivent être identiques.

Tantôt oui, tantôt non, dit M. Troplong ; car, si le prêteur gagne à cette substitution, de quoi se plaindrait-il ? Mais d'autre part, il peut arriver qu'un objet de qualité supérieure ne rende pas au prêteur les services qu'il veut en tirer, et alors il peut refuser.

188. M. Troplong a-t-il voulu modifier la doctrine absolue d'Accurse ? Il autorise l'emprunteur à restituer une qualité supérieure, si le prêteur y gagne ; mais quel sera le juge appréciateur de ce gain ? M. Troplong voudrait-il qu'un tribunal pût dire : vous avez prêté du vin de 1856 ; on vous en rend du plus vieux, du vin de 46 qui est le plus estimé ; prenez-le, car il y aurait caprice de votre part à refuser l'avantage qui vous est fait ?

Nous ne le pensons pas : le savant magistrat n'a pas voulu constituer nos tribunaux en juges de goût : le prêteur aime mieux du vin nouveau ; il le préfère au vieux, et ne doit compte de ses préférences à personne ; c'est du vin de 1856 qu'il a prêté et qu'on doit lui rendre, s'il l'exige, sans autre explication que celle du poëte :

Sic volo, sic jubeo, sit pro ratione voluntas.

Caprice, diront les juges ! Mais c'est peut-être une fierté légitime, qui repousse cette forme déguisée d'un salaire pour le service qu'on a entendu rendre gratuitement.

Approuvons donc le système d'Accurse ; disons, si l'on veut, avec M. Troplong, que le contrat n'aura pas changé de nature, parce que l'emprunteur, par reconnaissance ou par intérêt, offre de restituer une qualité supérieure ; mais laissons à la partie intéressée le droit souverain de juger si cette substitution lui convient.

Rappelons-nous, en effet, que l'exécution des obligations de l'emprunteur doit tendre à un but unique : remettre autant que possible toutes choses au même état que si le prêteur ne se fût pas dessaisi de sa chose.

189. Les lingots sont considérés comme des choses fongibles ordinaires, dont on doit rendre même quantité et même qualité ;

ce sont, en effet, des choses marchandes aussi bien que de l'huile ou du blé (1).

190. Cette obligation de rendre autant, en quantité et bonté, est de droit ; elle n'a pas besoin d'être exprimée. Il en était ainsi, en droit romain, sous une jurisprudence plus attachée aux mots que la jurisprudence française : combien à plus forte raison doit-il en être ainsi sous l'empire du code Napoléon !

191. 2° Nous avons annoncé que la restitution était régie par d'autres principes, lorsqu'il s'agit d'un prêt d'argent monnayé.

L'obligation n'est alors que de la somme numérique énoncée au contrat, quels que soient les changements survenus, soit dans le cours commercial, soit dans le titre, soit dans le cours légal des monnaies avant l'échéance ; le débiteur ne doit rendre que la somme numérique en espèces ayant cours au moment du payement (2).

192. L'argent monnayé peut changer de valeur en raison de plusieurs circonstances. Et d'abord il a une valeur commerciale comme une denrée ordinaire ; c'est une chose offerte et demandée dont le prix varie avec les variations de l'offre et de la demande, toutes choses restant égales d'ailleurs. Ainsi, après la révolution de février 1848, il y eut une panique générale ; on se croyait revenu aux plus mauvais jours de notre histoire, et les trembleurs toujours nombreux, voulant être prêts à prendre la fuite, se munissaient d'or autant que possible ; le prix de l'or monta rapidement, et des sommes considérables furent gagnées à ce commerce. Le napoléon se vendait jusqu'à 23 francs ; de sorte qu'un prêt de 10 napoléons effectué à cette époque, représentait pour l'emprunteur 230 francs, puisque c'était la somme en argent qu'il pouvait tirer du change.

193. Une telle circonstance n'est pas prise en considération : ce que nous avons dit pour les denrées ordinaires pourrait se répéter ici, car, au point de vue que nous avons envisagé, les espèces monnayées sont des marchandises véritables. Les chances sont égales, et si dans l'exemple que nous avons pris la perte est pour le pré-

_____

(1) Art. 1896, 1897 C. N.
(2) Art. 1895 C. N.

teur, le contraire arrivera tout aussi souvent. Ainsi le prêt a été effectué à une époque où l'affluence de l'or avait diminué sa valeur ; les arrivages d'Australie et de Californie ont produit à cet égard des perturbations incroyables, tellement qu'en Belgique les monnaies d'or n'ont plus cours : les dix pièces prêtées en Belgique ne valaient pas 200 fr., il faut les vendre après la démonétisation, par conséquent en argent, lorsque les monnaies d'argent sont rares par suite d'exportations nombreuses, de la guerre et de certaines opérations d'affinage aujourd'hui défendues. Le prêteur reçoit de l'argent qu'on achetait l'année dernière avec des primes considérables, et cette fois la perte est pour l'emprunteur.

194. Il en serait de même pour le cours commercial des monnaies considéré à un autre point de vue : quand l'argent (quel que soit le métal pris pour signe représentatif de la valeur) est abondant sur la place, le prix des denrées, des salaires et des loyers augmente en proportion parce que l'argent a moins de valeur (1) ; 30,000 fr. prêtés en 1810, quand le numéraire était rare, valaient beaucoup plus que 30,000 fr. en 1857, de sorte que le prêteur reçoit moins en réalité qu'il n'a donné.

Mais ici encore, les chances de pertes et de gains sont égales pour les deux parties contractantes. Que le prêt soit effectué à une époque prospère, en 1847, lorsque l'argent abonde sur le marché, la restitution doit être faite en mars 1848; l'argent est devenu rare; les capitaux se sont resserrés et craignent de se montrer sur la place; toute chose a baissé de prix, parce qu'on ne trouve pas d'acquéreur; les 200 fr. de 1847 sont loin de valoir les 200 fr. d'après la révolution. On ne prend donc jamais en considération les variations commerciales de l'argent à l'égard desquelles les risques se partagent également.

195. Jusqu'ici, il n'y a rien de nouveau; nous avons supposé que les monnaies ont conservé leur quantité, c'est-à-dire leur même valeur officielle, et leur qualité intrinsèque, c'est-à-dire autant d'alliage et de matières pures; nous n'avons changé que leur valeur marchande, comme nous avions supposé qu'avait

---

(1) Montesquieu, Esprit des lois, liv. 22.

changé seulement le cours des denrées de même qualité ; les situations, comme les règles de droit, sont identiques.

196. Mais le principe paraît différent lorsque l'on fait abstraction du cours commercial de l'argent pour ne considérer que son cours légal, c'est-à-dire la valeur monétaire officielle qui est fixée par le législateur. Le cours légal varie, suivant qu'on impose une valeur nouvelle à des pièces déjà existantes, ou qu'on change le titre des pièces anciennes pour en frapper d'autres d'un poids moindre et d'une valeur intrinsèque inférieure. Le second moyen fut la ressource ordinaire et désastreuse des princes obérés du moyen âge ; le premier fut employé sous le premier empire, quand les écus de 6 fr. furent réduits à 5 fr. 80 c.

196 bis. Bien que la monnaie, dans l'intervalle du prêt à l'échéance, ait subi une refonte qui diminue son titre, l'emprunteur doit seulement la valeur nominale qu'il a empruntée ; il rend ainsi une qualité inférieure à celle qu'il a reçue, puisque chaque pièce contient moins de métal précieux.

Bien que la monnaie, dans l'intervalle du prêt à l'échéance, ait subi une diminution de valeur nominale, l'emprunteur doit parfaire la somme nominale empruntée : il rend ainsi une quantité supérieure à celle qu'il a reçue, puisqu'un plus grand nombre de pièces est nécessaire pour égaler le montant du prêt : il avait reçu 500 pièces de 6 francs quand il empruntait 3,000 francs, et il en rend 517 plus une fraction, lorsque le pouvoir souverain a diminué de 20 centimes la valeur de chaque pièce. La qualité et la quantité, ces deux caractères qui doivent être identiques aux deux époques de l'emprunt et de la restitution, ne sont donc plus prises en considération !

197. La règle du l'art. 1895 est formelle à cet égard, et nous n'avons pas à démontrer ce qui est ; mais nous devons expliquer que la loi, en établissant que la valeur nominale actuelle de l'argent monnayé, quels que soient son titre et sa valeur antérieure, doit être seule prise en considération, a établi ce qui doit être.

198. Les interprètes du droit ont jadis vivement controverse la question de savoir si l'argent prêté doit être rendu sur le pied qu'il vaut à l'époque du payement, ou sur celui qu'il valait au temps du contrat. De savants auteurs ont préféré la seconde opi-

nion ; nous ne citerons à cet égard que Bartole (1), Baldus (2), Favre (3), Vinnius (4), Cujas (5).

Ce système est séduisant par son apparence d'équité ; le créancier a dû vouloir qu'on lui rendît une somme d'argent égale à celle qu'il avait prêtée, une somme d'argent qui ne le fît ni plus riche ni plus pauvre. Or si le prince a augmenté nominalement la valeur de l'argent, par exemple en décrétant que la pièce de 5 fr. vaudra à l'avenir 5 fr. 25 c., ou bien en diminuant le titre de la monnaie en frappant de nouvelles pièces qui contiennent un excès d'alliage, il est évident que le prêteur, recevant des pièces moins nombreuses ou plus faibles, est constitué en perte, et reçoit moins qu'il n'a donné : d'une part, il aurait profité de l'augmentation s'il n'eût pas fait le prêt et s'il eût gardé les espèces ; de l'autre, il ne peut plus se procurer avec ce qui lui est rendu la même quantité de choses qu'il pouvait avoir, au temps du prêt, avec ce qu'il a livré. En effet, il est démontré par une expérience constante que lorsque, par l'effet d'un changement dans la législation, la valeur légale surpasse la valeur réelle, le prix des denrées augmente dans la même proportion.

199. D'autres jurisconsultes éminents, Dumoulin, Doneau, Voët, Pothier, se sont élevés avec force contre cette doctrine, et leur opinion a été adoptée par les rédacteurs du Code. Dans la monnaie, on ne considère pas le poids ni le titre, mais seulement la valeur que le prince y a attachée : deux sommes sont de même qualité et bonté, quels que soient leurs signes représentatifs, dès que ces signes ont la même valeur nominale, s'agit-il de morceaux de cuir, comme après la captivité du roi Jean (6).

200. Sans doute, Pothier et Dumoulin le reconnaissent, il y a des chances de perte pour l'une des deux parties ; mais ici encore ces chances se partagent ; si les créanciers ont été ruinés quand ils recevaient des assignats discrédités, ils ont gagné à la mesure de 1810 qui réduisait la valeur des écus de six livres.

(1) Sur la loi 101, D., De solut.
(2) Sur la loi 24, D., De jure dot.
(3) Ration. ad Pand., sur la loi 3, De reb. cred.
(4) Sur les Inst., l. 3, t. 15, n° 12.
(5) Sur la loi 2, § 1, D., De reb. cred.
(6) Commines, liv. 3, ch. 1 (Collect. Michaud, p. 125, col. 1).

201. Il appartient aux économistes de blâmer sévèrement les gouvernements qui se jettent dans les variations monétaires, et les jurisconsultes ont fait à cet égard comme les économistes : « c'est » un *grand dommage, perte, détriment et affaiblissement de ce* » *royaume et république français* (1). Mais les jurisconsultes doivent se soumettre à un fait accompli; ils blâment l'acte au point de vue de la richesse sociale, mais ils disent au sujet d'obéir au point de vue de la loi.

202. Ainsi, les doutes qui avaient divisé l'ancienne jurisprudence ne peuvent plus s'élever aujourd'hui, et quelques variations que subissent les monnaies, la restitution d'un prêt d'argent sera toujours réglée par l'art. 1895.

203. Mais au moins ne sera-t-il pas permis aux parties, qui prévoient un changement imminent dans le cours des monnaies, de stipuler une indemnité égale à la différence des deux cours? Par exemple l'emprunteur en 1809 ne pouvait-il pas convenir que si les écus de 6 francs perdaient 20 centimes en valeur, ils continueraient à valoir 6 francs pour le remboursement en 1810?

Pothier (2), et après lui Merlin (3) et M. Troplong (4), décident qu'une pareille convention est contraire à l'ordre public, parce qu'elle tend à infirmer la volonté du souverain sur le cours légal de la monnaie nationale.

M. Duranton est d'un avis contraire, et nous n'hésitons pas à adopter l'opinion du savant professeur. Une pareille convention repose sur un intérêt purement privé, qui ne touche aucunement à l'ordre public. On ne démonétise pas les espèces frappées à l'effigie du pouvoir souverain, quand on convient qu'aucune des parties ne profitera, au détriment de l'autre, de l'augmentation ou de la diminution de ces espèces : c'est une stipulation de dommages-intérêts conditionnels. D'ailleurs, Pothier lui-même avait prévu, mais non réfuté, un argument qui est la ruine de son système : *une lettre de change doit être payée dans la monnaie qu'elle indique* (5). Si cette

(1) Dumoulin, Usures, n° 320.
(2) N° 37.
(3) Rép., v° Prêt, n° 7.
(4) N° 240.
(5) Art. 143 C. de C.

indication est contraire à l'ordre public pour le prêt, comment ne le serait-elle pas aussi pour la lettre de change?

Oui, nous comprenons qu'il soit défendu de stipuler que le remboursement ne pourra pas être fait en monnaie nouvelle, s'il en est créé, ou qu'il sera fait nécessairement en la monnaie prêtée, quand même elle n'aurait plus cours ; voilà des dispositions évidemment contraires à l'ordre public, car elles entravent la circulation des monnaies et font circuler des espèces que le législateur a proscrites. Mais ces stipulations n'ont aucun rapport avec la nôtre : l'emprunteur payera en monnaie quelconque ayant cours au jour de l'échéance, et il se conforme ainsi aux prescriptions de l'art. 1895 ; seulement, il ajoutera à cette somme, fixée dès le contrat, ou il en retranchera une autre somme dont la détermination dépend de circonstances postérieures.

Une seule difficulté pourrait nous arrêter, mais elle est d'une nature bien différente de celle qu'ont prévue nos contradicteurs. Supposons un instant que le cours légal de la monnaie ait changé au détriment du prêteur : les pièces de 5 francs en valent 6 à l'échéance ; au lieu des vingt pièces qu'il avait livrées en prêtant 100 francs, le prêteur n'en recevra plus que seize. Mais on a stipulé l'indemnité dont nous parlons, de sorte que l'emprunteur ajoutera aux seize pièces une somme de 20 francs ; au taux actuel, c'est comme s'il rendait 120 francs, ou 20 0/0 : c'est un intérêt usuraire !

Nous ne pensons pas qu'il faille s'arrêter à cette objection, l'intérêt usuraire est un bénéfice qui dépasse les limites permises par la loi : ici, il ne s'agit pas de bénéfice ; les 20 francs que l'emprunteur doit ajouter à la somme qu'il restitue représentent la perte qu'aurait éprouvée le prêteur, s'il n'avait pas prévu les risques à courir. Manquer à perdre, ce n'est pas gagner !

204. On peut stipuler que la restitution sera faite dans une monnaie déterminée, par exemple en or, pourvu qu'à l'échéance l'or ait encore cours légal. Une pareille stipulation, qui n'intéresse en rien l'ordre public, doit être respectée par les tribunaux, quelque difficile qu'il soit à l'emprunteur de se procurer les espèces nécessaires pour la restitution (1).

---

(1) Le Code sarde (art. 1917) après avoir reproduit notre art. 1895, contient une

ARTICLE II.

A QUELLE ÉPOQUE DOIT-ON RENDRE.

205. L'emprunteur doit restituer au terme fixé et jamais avant; nous avons eu l'occasion de le dire quand nous avons traité de ce que le Code a appelé les obligations du prêteur. Nous n'avons reconnu d'exceptions à cette règle que lorsque l'emprunteur diminue les sûretés qu'il a fournies, ou ne fournit pas celles qu'il a promises, lorsqu'il est en déconfiture, ou qu'il tombe en faillite.

206. Dans le prêt ordinaire, le délai est presque toujours fixé dans l'intérêt de l'emprunteur, de sorte qu'il est permis à ce dernier de le devancer (1).

207. Alors même que l'échéance est fixée par le contrat, les juges pourraient, en considération de la position du débiteur, et en usant de ce pouvoir avec une grande réserve, accorder des délais modérés pour le payement (2).

208. Jusqu'ici, point de difficulté; mais nous avons renvoyé au paragraphe qui nous occupe l'examen de questions plus délicates : ou bien l'échéance n'a pas été fixée, ou bien le contrat était ainsi conçu : l'emprunteur rendra quand il le pourra; ou même : il rendra quand il le voudra.

209. 1° S'il n'a pas été fixé de terme pour la restitution, l'obligation de l'emprunteur est pure et simple, et par conséquent incontinent exigible. Toutefois, c'est au juge qu'il appartient de déterminer l'époque du remboursement (3). Comme le dit Pothier (4), le prêteur est censé avoir accordé tacitement un temps convenable pour faire usage de la chose, et aussi pour trouver de quoi la remplacer : tout dépend, à cet égard, des circonstances qui seront appréciées par le tribunal.

disposition particulière à l'égard du point qui nous occupe : quand on a stipulé que la restitution serait faite dans la même espèce et dans la même quantité que le prêt lui-même, s'il y a eu altération dans la valeur intrinsèque de la monnaie, ou qu'on ne puisse s'en procurer, ou qu'elle soit hors de cours, on doit rendre l'équivalent de la valeur qu'elle avait au temps du prêt.

(1) Voët, n° 20.
(2) Art. 1244.
(3) Art. 1900.
(4) N° 48.

210. Mais si le juge, prenant en considération la position de l'emprunteur, dont la solvabilité a notablement diminué depuis le prêt, lui accorde un délai, nous croyons qu'il peut en même temps, sur les conclusions du créancier, obliger l'emprunteur à fournir caution (1).

211. 2° Un prêteur bienveillant qui veut rendre service à un ami, lui prête souvent en lui disant : *Vous me rendrez quand vous le pourrez ou quand vous en aurez les moyens.* L'art. 1901 prévoit cette hypothèse, et dispose qu'en cas de contestation, le juge fixera un terme de payement suivant les circonstances.

212. M. Troplong semble considérer un pareil contrat comme contenant une condition : le juge *recherchera si l'emprunteur a les moyens de payer*, dit le savant magistrat (2). Est-ce à dire que dans le cas où le créancier ne ferait pas la preuve de l'événement de la condition, et ne démontrerait pas que l'emprunteur a les moyens de payer, le magistrat ne devrait pas fixer un délai? Nous ne le pensons pas; dès que le créancier demande qu'un terme soit fixé pour le payement, le juge est obligé de faire droit à cette requête. L'art. 1901, en montrant que l'obligation est à terme, et non conditionnelle, contraint le juge à déterminer immédiatement le jour de la restitution. Sans doute, il aura égard à la position du débiteur, et il agira suivant les circonstances, quant au jour qui est laissé à son arbitrage, mais non quant à la fixation elle-même, qui est obligatoire.

213. Cette espèce s'est présentée devant les tribunaux : un emprunteur s'est obligé à payer quand ses moyens le lui permettraient; le créancier réclame le payement, en se fondant sur l'art. 1901, mais le débiteur répond qu'il a entendu contracter une obligation conditionnelle, et qu'il payera lorsque le prêteur aura fait la preuve de l'événement de la condition, c'est-à-dire de la possibilité de payer, acquise par son obligé.

La cour a fait justice d'une pareille défense; elle a déclaré que l'art. 1901 laisse dans tous les cas à l'arbitrage du juge la fixation d'un terme pour le payement; et attendu qu'en fait, le débiteur

(1) M. Duranton, n° 585.
(2) N° 261.

n'était pas en mesure de s'acquitter actuellement, elle lui a accordé un an pour payer (1).

214. 3° On peut avoir prêté d'une manière plus généreuse encore, en disant : Vous rendrez *quand vous le voudrez*. Que faut-il entendre par une convention de cette nature? Deux opinions ont été soutenues à cet égard; mais nous pensons qu'entre elles deux on doit prendre un terme moyen.

215. *Premier système.* — D'après la première jurisprudence de la Cour de cassation et de la Cour de Paris, une clause de cette nature (2) équivaut à l'engagement pour le prêteur de ne jamais exiger le remboursement du capital; comme en même temps il y a aliénation de ce capital, les deux conditions requises pour l'existence d'une rente constituée (aliénation et inexigibilité du capital) sont remplies. La convention conçue dans les termes que nous avons dits n'est donc pas un prêt, mais une constitution de rente (3).

216. *Deuxième système.* — On revint sur cette jurisprudence; l'omission d'un terme fixe, ou même la stipulation de laisser ce terme à la commodité de l'emprunteur, n'est pas un obstacle à l'exigibilité, parce qu'il y aurait contradiction à ce qu'une dette fût fondée en titre et reconnue sans être jamais exigible : aussi dans l'un et l'autre de ces cas les articles 1900 et 1901 du Code déclarent le capital exigible, sauf les délais qu'il est laissé à la discrétion du juge d'accorder suivant les circonstances (4). En d'autres termes, il revient au même de stipuler que la restitution sera faite *quand on pourra*, ou qu'elle sera faite *quand on voudra*. En effet, dit un auteur, cette clause ne doit pas être interprétée de manière à donner à l'emprunteur la liberté de restituer ou de ne pas restituer, selon son caprice. Une telle interprétation rendrait nul le contrat de prêt, car en réalité l'emprunteur ne serait pas obligé de rendre, rien n'étant contraire à l'idée d'obligation comme la faculté de

---

(1) Bordeaux, 7 avril 1838. Garnier c. Duquesnel.
(2) Il faut nécessairement supposer qu'il y a eu stipulation d'intérêts; sans quoi, le premier système n'aurait plus aucun sens.
(3) Ainsi jugé. Paris, 16 messidor an XI. — Trib. de Cass., 28 vend. an XI. — Paris, 14 prairial an XIII.
(4) Paris, 3 déc. 1816. — Cass., 24 mars 1818. — Nancy, 24 mai 1819.

faire ou de ne pas faire, selon sa fantaisie : il vaut mieux l'entendre dans un sens qui n'empêchera pas le contrat de se former. Le prêteur a cru prêter à un honnête homme ; dès lors il a dû croire qu'on *voudrait restituer quand on le pourrait* (1).

217. *Troisième système.* Entre ces deux opinions extrêmes nous avons dit que nous avions choisi un système intermédiaire.

Et d'abord, nous ne pouvons penser qu'un pareil contrat soit une constitution de rente. Il n'y a pas en effet de stipulation assez positive pour qu'on puisse y voir une aliénation du capital à perpétuité : on a voulu accorder des facilités pour le payement, et non pas interdire au créancier le droit d'exiger son prix.

Mais nous ne pensons pas non plus qu'il faille assimiler la clause en question à celle qui est prévue par l'article 1901 : *pouvoir* et *vouloir* sont choses différentes, quoi qu'en dise le proverbe. Dans le premier cas, le juge peut et doit fixer une échéance lors de laquelle, d'après les apparences, le débiteur aura les moyens de s'acquitter. Mais dans le second, peu importe qu'il puisse s'il ne veut pas ; il ne saurait être forcé par le juge à vouloir, puisque sa volonté a été constituée maîtresse du payement !

A notre avis, c'est contre les héritiers seuls que le créancier peut agir ; et alors, restant dans les termes du contrat, nous évitons toutes les objections que soulèvent les deux autres systèmes.

Suivant le vœu de la convention, nous laissons le débiteur libre de payer quand il voudra ; mais cette faculté n'est pas une cause de nullité ; il y a toujours un lien qui empêche la cause d'être potestative, comme l'entend l'article 1174 : c'est le lien des héritiers ; au débiteur seul avait été concédée la faculté de payer quand il voudrait : ses héritiers ne jouissent pas de cette faveur toute personnelle.

Suivant les termes de la convention, nous ne transformons pas une latitude laissée par le créancier au débiteur en un engagement de ne jamais rien exiger : car nous l'autorisons à *exiger* un jour, sans violer la latitude qu'il a eu la générosité d'accorder ; nous ne faisons donc pas d'un prêt une constitution de rente.

Suivant aussi les termes de la convention, nous ne confondons

(1) M. Mourlon, 3ᵉ examen, p. 307.

pas les deux mots *vouloir* et *pouvoir*; tant que le débiteur existe
et ne *veut* pas, nous n'exigeons rien de lui et nous ne lui appli-
quons pas l'article 1901 rédigé pour une autre hypothèse. En effet,
les mots *quand le débiteur voudra*, n'ont jamais exclu l'idée d'un
remboursement; ils en rendent seulement l'époque incertaine pendant toute la vie du débiteur, mais l'incertitude cesse dès qu'a
cessé l'obstacle résultant de la volonté du débiteur, c'est-à-dire à
la mort de celui-ci (1).

Telle était la législation romaine, que nous devons suivre dans
le silence de la nôtre à cet égard; la clause *cum voluero* donne
action au créancier après la mort du débiteur : *Tunc enim post
debitoris mortem omnino datur actio* (2).

ARTICLE III.
EN QUEL LIEU DOIT-ON RENDRE.

218. 1° La restitution doit être faite au lieu convenu (3) par les
parties. Quelque onéreux que soit le transport, il est loisible au
prêteur de stipuler que la restitution sera faite à son domicile; lors
même que s'agissant d'un prêt d'argent, le change du domicile de
l'emprunteur sur celui du prêteur dépasserait le taux légal, on ne
pourrait pas dire que c'est une usure, car une usure est un profit
que le prêteur tire du prêt. Or il est évident que la restitution étant
faite au lieu du contrat où le prêteur aurait encore son argent, s'il
ne l'avait pas prêté, il ne retire aucun profit du prêt (4). L'intérêt
même, s'il était stipulé, pourrait être cumulé avec cette obligation
imposée à l'emprunteur.

219. Mais il n'en serait plus de même au cas où les parties con-
viendraient que l'emprunteur fera à ses frais la remise de la somme
dans un lieu différent de celui où elle a été prêtée; si le change
du domicile de l'emprunteur sur le lieu fixé dépasse le taux légal,
il y a intérêt usuraire. En effet, par cette convention, le prêteur tire
un profit du prêt aux dépens de l'emprunteur, en lui faisant sup-

(1) Ainsi jugé, Toulouse, 20 mars 1835.
(2) Inst., De inut. stip.
(3) Art. 1247.
(4) Pothier, 44.

porter les frais d'une remise que le prêteur aurait été obligé de faire lui-même, s'il n'avait pas prêté.

C'est pourquoi l'emprunteur pourra faire des offres au domicile du prêteur, et elles seront déclarées valables, nonobstant la convention qui est entachée d'usure (1).

220. 2° Le Code est silencieux sur le lieu où doit se faire la restitution, lorsque ce lieu n'est pas fixé dans la convention.

D'après l'article 1247, qui paraît poser une règle générale pour toute espèce de convention, le payement des choses fongibles doit être fait au domicile du débiteur. — Devons-nous appliquer cette règle absolue au prêt de consommation ?

221. Commençons par faire une distinction importante, entre le prêt de denrées ordinaires et le prêt d'argent monnayé. Sur le premier point, tout le monde est d'accord, il ne faut pas appliquer l'article 1247 à la restitution des choses fongibles autres que l'argent monnayé (2).

La raison d'équité est évidente, et nous ne pouvons mieux faire que de citer à cet égard l'exemple frappant donné par Pothier.

« J'ai prêté dans le canton d'Olivet, près d'Orléans, un tonneau » de vin de ce canton à un Parisien, mon voisin de campagne, qui » était venu passer quelque temps à sa maison de campagne voi- » sine de la mienne : c'est à Olivet qu'il doit me rendre le tonneau » de vin, et non à Paris, qui est le lieu de son domicile, car un ton- » neau de vin d'Olivet étant à Paris, est de la valeur du double de » ce qu'il vaut à Olivet, par rapport à ce qu'il en coûte pour la » voiture et les droits d'entrée. Si mon débiteur était obligé de » me rendre à Paris le tonneau de vin, je ferais sur le prêt un pro- » fit du double.

» Il faut dire la même chose dans le cas inverse. Si un Orléanais, » étant à Paris pour ses affaires a emprunté d'un Parisien un ton-

<hr/>

(1) Pothier, n° 45, et Dumoulin, cité par M. Bugnet. — Merlin, Rép., v° Prêt, § 2, n° 12. — M. Bugnet estime qu'on serait aujourd'hui moins scrupuleux.

(2) Voët, De reb. cred., n° 19.—Pothier, n° 46. — M. Bugnet, sur Pothier. — M. Duranton, n° 585. — Merlin, Rép., v° Prêt, § 2, n° 12 (cité à tort comme professant une opinion contraire. — M. Troplong, n°° 277, 278 et 279. — M. Dalloz, v° Prêt, n° 208.

» neau de vin d'Olivet, que celui-ci a pris dans sa cave à Paris,
» on doit présumer que l'intention des parties a été qu'il serait
» rendu à Paris où le prêt a été fait, et non à Orléans, lieu du do-
» micile de l'emprunteur ; car s'il n'était obligé de le rendre qu'en
» sa maison, à Orléans, à ceux qui l'y viendraient chercher de la
» part du prêteur, celui-ci ne recevrait pas la moitié de ce qu'il a
» prêté, un tonneau de vin à Orléans ne valant pas la moitié de ce
» que vaut à Paris un tonneau de vin de la même qualité. »

Il y a donc une grande injustice dans un mode de payement qui,
par une application forcée de l'article 1247, tantôt grève le prêteur,
tantôt devient inique pour l'emprunteur.

222. Quant à la raison de droit, elle est moins évidente, en présence des termes formels de l'article 1247. Toutefois, l'on peut dire
que cet article ne donne une règle de conduite que lorsqu'il ne résulte
pas tacitement de la nature de l'obligation et des accessoires de
son exécution que le payement doit être fait ailleurs qu'au domicile
du débiteur (1).

Or il est évident que dans un contrat où l'on ne doit rencontrer
que les sentiments de bienfaisance et de gratitude, les parties n'ont
pas eu l'idée de se soumettre à une règle qui était la ruine de l'une
d'elles.

223. C'est, du reste, ce qui paraît résulter implicitement du paragraphe final de l'article 1903. Il dispose que, si l'emprunteur, étant
dans l'impossibilité de rendre la chose en nature, restitue l'estimation, le payement doit se faire au prix du lieu où l'emprunt a été
fait lorsque le lieu de la restitution n'était pas réglé dans la convention. Or l'estimation a pour but de remplacer la chose : c'est donc
dire que la chose aurait dû être rendue au lieu du prêt : autrement,
le payement devrait se faire au prix du domicile du débiteur.

224. Mais s'il s'agit d'un prêt d'argent, nous ne trouvons plus
la même unanimité dans les auteurs. Voët, M. Troplong, M. Dalloz persistent dans un système analogue : le payement doit toujours
se faire au lieu où le prêt a été effectué.

Nous ne le croyons pas ; d'accord avec Pothier et Merlin, nous
pensons ne plus avoir ici les même motifs d'équité et de droit pour

(1) M. Toullier, t. VI, n° 93.

ôter à l'article 1247 toute son autorité. En équité, la perte, pour
l'une des deux parties n'est plus comparable à ce que nous trouvions
tout à l'heure. Le change, quelque élevé qu'il soit, ne saurait atteindre les différences de valeur que nous avons signalées ; il en résulte que nous ne pouvons plus combattre l'article 1247 avec les
armes qui nous ont déjà servi. Il n'y a plus ici ces circonstances
évidentes qui viennent de démontrer l'intention des parties, et
empêcher l'application d'un article, rédigé seulement pour les hypothèses où ces circonstances ne se présentent pas.

Enfin nous ne pouvons plus tirer argument de l'article 1903,
qui n'a trait qu'aux choses fongibles autres que de l'argent.

Nous pensons, en conséquence, qu'à défaut de stipulation contraire, le prêt d'argent doit être restitué au domicile de l'emprunteur, conformément à la règle générale de l'article 1247. Nous
accordons seulement que si l'emprunteur et le prêteur ont un
même domicile dans un même lieu, l'emprunteur, par déférence,
doit payer dans la maison du prêteur (1).

ARTICLE IV.

DE L'IMPOSSIBILITÉ OÙ PEUT SE TROUVER L'EMPRUNTEUR DE FAIRE LA RESTITUTION.

225. *Nemo potest precise cogi ad factum.* Le prêteur ne peut
donc pas forcer l'emprunteur à lui restituer les choses prêtées en
mêmes qualité et quantité, et la seule satisfaction que la loi lui accorde sera une condamnation pécuniaire. Le montant de cette
condamnation doit varier suivant les motifs qui ont empêché l'emprunteur de remplir son obligation : la mauvaise volonté entraî-
nera des dommages-intérêts.

226. Mais supposons, avec l'article 1903, que l'emprunteur n'a
pas eu de mauvaise volonté, et a été dans l'*impossibilité* de rendre
les choses prêtées. Cette impossibilité n'est pas une impossibilité
matérielle, absolue ; elle est laissée à l'appréciation des tribunaux
auxquels le débiteur, sans nier sa dette, expose ses excuses et ses

(1) Pothier, n° 43. — M. Duguet, par son silence, paraît adopter l'opinion de
Pothier.

motifs pour proposer une compensation pécuniaire. Tous les auteurs sont d'accord à cet égard.

227. Toutefois, nous n'allons pas aussi loin que M. Duranton,
qui compare l'emprunteur au quasi-usufruitier ; celui-ci a l'*option*
entre une restitution en nature et une restitution en espèces (1).
Telle n'est pas la position de l'emprunteur : les termes mêmes de
l'article 1903 le prouvent assez, quand ils disent : *impossibilité*.
D'ailleurs un pareil système serait inique, puisque le prêteur que
l'on rembourserait en espèces serait obligé, dans une foule de cas,
de racheter en nature l'équivalent de la chose par lui prêtée.
Comme nous l'avons déjà dit, l'*option* appartient aux tribunaux,
et celle-là sera désintéressée : nous l'avons dit aussi, dans le cas
où le tribunal ayant reconnu qu'en réalité le débiteur *peut* s'acquitter en nature, celui-ci persisterait à offrir l'estimation, il serait
contraint d'y ajouter tels dommages-intérêts que de droit.

228. Il est un autre cas d'*impossibilité* sur lequel nous reviendrons dans l'article V. Il s'agit d'une chose fongible, non payée à
l'échéance et dépréciée depuis cette époque. Nous montrerons
bientôt qu'il ne serait plus loisible à l'emprunteur d'offrir la chose
en nature.

229. Revenons à l'estimation destinée à remplacer la chose qui
ne peut être restituée en nature, et montrons comment elle doit
être faite.

Nous savons quelle influence ont les lieux et les temps sur la valeur des choses ; nous nous souvenons aussi des difficultés qu'avait
soulevées la même question en droit romain, cette question dont
Cujas a dit : *Nullum esse vel judicem, vel patronum, vel juris-
consultum qui non hæreat, maneatque suspensus quoties tracta-
tur hac de re* (2).

Lorsque le lieu et l'époque ont été déterminés, dans l'ancien
droit comme dans le nouveau, il n'y a aucune difficulté. On prend
pour bases le temps et le lieu fixés par la convention.

Mais lorsque le contrat est muet à cet égard, l'estimation se fait
d'après le prix au temps et au lieu où l'emprunt a été fait : l'arti-

(1) Art. 587 C. N.
(2) Sur la loi 35, D., Mandati (ad Africanum, tract. 8).

cle 1903 coupe court ainsi à toutes les controverses passées, sur lesquelles nous n'avons plus à revenir ici.

230. Il peut paraître étrange que notre législateur ait choisi parmi les solutions que proposaient les jurisconsultes à ce point de droit, celle-là précisément qui, nous l'avons vu, comptait en sa faveur les arguments les plus faibles et les partisans les moins nombreux.

Ne semble-t-il pas d'ailleurs que puisque le jour du payement, expressément désigné, est déterminant pour l'estimation d'après le § 1 de l'article 1903, il faudrait ne pas s'écarter de cette époque, alors qu'elle n'est que tacitement convenue?

231. M. Troplong a cherché des raisons plausibles pour expliquer cette décision relativement au temps; il nous paraît qu'il a su les trouver, et nous croyons devoir les rapporter textuellement.

« La convention étant silencieuse sur le temps du payement, le » prêteur pourrait choisir, pour demander son remboursement, » l'époque où la chose serait au plus haut prix, et le débiteur se » trouverait grevé de cette exigence rigoureuse, étant obligé de » rendre à grands frais ce qui valait beaucoup moins quand il l'a » reçu.

» Réciproquement, l'emprunteur ferait la même spéculation » pour opérer le remboursement au temps de la plus grande baisse.

» La règle uniforme donnée par l'art. 1903 exclut ces calculs dé- » pourvus de loyauté.

» De plus, si l'on eût exigé, comme dans le droit romain et dans » l'ancien droit français, une demande destinée à fixer le temps de » l'estimation, il aurait fallu que cette demande fût écrite, et même » qu'elle fût en forme; de là des frais et des actes de procédure dans » une matière qui y répugne. L'art 1903 remédie à cet inconvénient.

» Enfin, le contrat ne portant pas de terme, la chose est exigible » à volonté, et l'obligation de rendre a commencé aussitôt que la » chose a été reçue. Il est vrai que par un équitable tempérament » l'art. 1900 veut que dans certaines circonstances cette obliga- » tion de rendre ne soit pas exécutée avec trop de rigueur et que » l'emprunteur jouisse d'un délai moral. Mais il n'en est pas moins » vrai que, dans d'autres cas, le prêteur peut exiger que la chose » prêtée ce matin, soit rendue ce soir. Or en présence d'une telle

» obligation, il n'y a rien de forcé à ramener au temps du contrat
» l'estimation d'une chose dont le payement peut suivre de si près
» le temps du contrat. »

232. Quant au lieu, les anciens jurisconsultes se réglaient pour
sa détermination sur celle du temps; s'il fallait prendre le prix au
temps de la demande, c'était aussi au lieu de la demande que l'estimation devait être faite.

233. Le Code Napoléon fait de même; prenant pour point de
départ le temps du contrat, il se réfère aussi au lieu où le contrat
a été conclu.

ARTICLE V.
CONSÉQUENCES DU RETARD DE L'EMPRUNTEUR.

234. Lorsqu'au jour fixé pour la restitution, l'emprunteur
n'accomplit pas son obligation, il est juste que le prêteur soit in-
demnisé d'un retard qui lui cause un préjudice. Mais ce préjudice,
difficile souvent à apprécier, est réglé une fois pour toutes par le
législateur. L'art. 1904 dispose que si l'emprunteur ne rend pas
les choses prêtées ou leur valeur au terme convenu, il en doit l'intérêt du jour de la demande en justice.

Cette règle est incontestable, lorsqu'il s'agit d'un prêt d'argent;
l'art. 1153 avait déjà disposé que dans les obligations qui se bornent
au payement d'une certaine somme, les dommages et intérêts résultant du retard dans l'exécution, ne consistent jamais que dans
la condamnation aux intérêts fixés par la loi.

235. Mais on a contesté la règle relativement à la restitution des
choses fongibles ordinaires. M. Zachariæ (1) distingue trois cas dans
l'application de l'art. 1904.

1° Le prêt consistait dans une somme d'argent; l'emprunteur qui
ne l'a pas restituée, en devra l'intérêt du jour de la demande en
justice.

2° Le prêt consistait dans une chose fongible que l'emprunteur
était dans l'*impossibilité* de rendre *en nature;* on applique aussi
l'article 1904, car l'obligation se réduit à une somme d'argent.

(1) T. III, § 395.

3° Le prêt consistait dans une chose fongible que l'emprunteur *pouvait* rendre *en nature*. Il sera tenu non-seulement des intérêts à compter du jour de la demande, mais encore de tous autres dommages que son retard aura pu causer. En effet, l'obligation n'est pas ici d'une somme d'argent, mais d'une quantité déterminée, et l'on doit appliquer l'article 1149 du Code Napoléon.

236. Ces distinctions sont assurément fort ingénieuses; mais nous demandons quelle serait l'utilité de l'article 1904, s'il n'était que la répétition de l'article 1153, et s'il n'avait pas précisément pour but de faire exception à l'article 1149. Notre article est général, il y a plus, il suppose évidemment que le prêt consistait en choses fongibles ordinaires, puisqu'il dit : *Les choses prêtées, ou leur valeur.* Nous rejetons, en conséquence, le système tripartite de M. Zacharie et de M. Dalloz (1), pour nous en tenir à l'application générale d'une loi qui est faite aussi bien pour les prêts de choses fongibles que pour ceux de sommes d'argent (2).

237. Mais il est un correctif important à ce système. M. Duranton fait très-bien remarquer qu'il ne saurait être loisible au débiteur, après sa mise en demeure, de restituer la chose prêtée en nature, lorsque celle-ci a diminué de valeur depuis la demande, offrît-il de payer les intérêts. Sans quoi toutes les chances de diminution seraient en sa faveur. La demande opère novation, c'est une somme d'argent qui est due, et non plus une quantité; et cette somme d'argent est égale à la valeur de la chose au jour de la demande (3).

238. C'est à M. Duranton que nous avons emprunté cette idée de novation; est-elle parfaitement exacte? Est-il exact aussi de prendre comme point de départ la demande pour autre chose que les intérêts moratoires?

Non; et dans notre opinion un arrêt récent de la Cour de cassation a nettement résolu la question. Le jour de l'échéance, l'emprunteur doit la chose, qui a une valeur déterminée par son cours à ce jour. Il tarde à payer, et la valeur diminue; il ne peut plus l'offrir en nature, même sans novation et sans mise en de-

(1) V. Prêt, nos 215 et suiv.
(2) M. Troplong, n° 301. — M. Duranton, n° 590, t. XVII.
(3) M. Duranton, t. XII, n° 95.

meure, parce qu'il ne la restituerait plus en même qualité et même quantité. C'est un des cas d'impossibilité pour lesquels a été fait l'article 1903. Et alors, il doit payer la valeur eu égard au temps et au lieu où elle devait être rendue. Il en est ainsi, quelle que soit l'époque où l'emprunteur a été mis en demeure de restituer, cette mise en demeure n'étant nécessaire que pour faire courir les intérêts (1).

239. M. Troplong nous paraît avoir méconnu cette vérité lorsqu'il dit que l'article 1904 écarte une question qui avait fort préoccupé les anciens docteurs. Elle consistait à savoir si l'emprunteur devait compte au prêteur du changement survenu dans la monnaie depuis la demeure. M. Troplong décide la négative.

Nous faisons comme lui, mais nous y sommes conduit par des motifs bien différents. M. Troplong repousse l'ancienne opinion de Dumoulin (2) parce qu'aujourd'hui on ne doit plus, outre la chose elle-même, quelque diminuée qu'elle soit, que les intérêts à partir de la demande.

240. Mais nous n'admettons pas le principe qui sert de base au savant magistrat, nous disons que l'emprunteur ne devra pas compte du changement de monnaie, parce qu'au point de vue légal, une monnaie ne peut pas changer. Dès que le souverain a parlé, il faut faire abstraction de la valeur intrinsèque de la pièce pour ne considérer que la valeur nominale. N'y eût-il plus que du plomb là où il y avait de l'argent, la pièce n'a pas diminué de valeur, et par conséquent l'emprunteur ne doit pas compte d'une diminution qui n'existe pas.

241. Il n'en serait plus de même s'il s'agissait d'une chose fongible ; il n'y a plus là de fiction légale en vertu de laquelle un morceau de cuir doive être considéré comme un métal précieux.

242. Mais tout ce que nous venons d'ajouter à l'article 1904 ne vient-il pas anéantir la règle qu'il établit? N'accordons-nous pas au prêteur de choses fongibles précisément ce que nous lui avions refusé, une indemnité autre que les intérêts légaux ?

(1) Req., 3 juin 1850. — Il s'agissait d'actions de chemin de fer, dépréciées depuis l'échéance.

(2) De usuris, n° 693.

, Non, nous ne lui accordons que son dû, que le montant exact de la chose à rendre, et rien au delà. Nous ne prenons pas en considération les inconvénients qu'un retard a apportés, les affaires manquées, les projets arrêtés, la nécessité de se procurer à grands frais les objets sur lesquels on comptait, et tant d'autres circonstances qui seraient les éléments de dommages-intérêts. Nous forçons à restituer une valeur telle qu'elle a été déterminée d'avance par la convention, et nous n'y ajoutons que les intérêts légaux depuis la demande.

243. L'art. 1904 ne s'applique qu'au cas où la convention assigne au débiteur un terme pour le payement : que faut-il décider lorsque la convention est muette à cet égard?

Il nous semble que la question d'intérêts doit être laissée à l'appréciation des tribunaux : s'ils accordent un délai conformément aux art. 1900 et 1901, ils y sont portés sans doute par la conviction que la demande du prêteur est prématurée; dès lors, il n'y a pas demeure, et par suite, pas de condamnation à payer les intérêts légaux depuis la demande.

Mais le juge peut être conduit à accorder un délai par un sentiment de condescendance plutôt que de justice étroite, en se fondant sur la disposition de l'art. 1244 : il peut alors condamner à payer les intérêts. Il en serait de même à plus forte raison si, reconnaissant que le prêteur lui a dès à présent adressé une réclamation légitime, il ordonnait une restitution immédiate.

244. Quant à la question de savoir si l'emprunteur est en droit de restituer la chose en nature plutôt que son estimation (laquelle est faite au prix du jour du contrat), il nous semble qu'elle appartient à l'appréciation du tribunal. Si le juge ordonne une restitution immédiate, avec les intérêts, il reconnaît par cela même que l'emprunteur a par mauvaise volonté dépassé le délai tacite qui lui était accordé : il peut donc déclarer (si en même temps la chose a perdu beaucoup de sa valeur) que la restitution en même qualité et même quantité n'est pas possible, comme il le fait lorsque l'échéance est déterminée.

Mais au contraire, s'il accorde un délai sans intérêts, il reconnaît que le terme tacite n'est pas atteint, et la restitution en nature sera possible, si le débiteur s'acquitte au jour fixé par le juge.

ARTICLE VI.

245. L'emprunteur devient dès le moment du contrat, et (nous avons essayé de le démontrer) avant toute tradition, propriétaire de la chose prêtée. Dès lors il est débiteur d'une quantité qui ne saurait périr : *genera non pereunt.*

L'obligation de rendre n'est donc pas effacée pour lui, alors même que la chose a péri par force majeure, et avant qu'il en ait fait aucun usage.

246. Pour supposer possible une solution contraire, il faut supposer aussi que le contrat n'a pas suffi, par suite d'une circonstance étrangère, pour transférer la propriété; car alors, détenteur d'un corps certain dont le prêteur est resté propriétaire, l'emprunteur est libéré par la perte fortuite.

Deux circonstances peuvent amener ce résultat : ou bien un vice quelconque a empêché la perfection du contrat, ou bien une convention accessoire, accompagnant la tradition, et n'étant pas par elle-même translative de propriété, a précédé l'instant où le contrat de prêt prenant naissance, le transport de propriété s'est trouvé effectué.

247. Commençons par cette seconde hypothèse, qui avait soulevé en droit romain les plus graves difficultés, et à l'égard de laquelle les auteurs modernes ne nous paraissent pas avoir fourni une solution satisfaisante.

Deux hypothèses ont été prévues par les jurisconsultes : 1° un mandat primitif se trouve transformé en un prêt; c'est la fameuse loi *Rogasti* (1) sur laquelle nous avons eu occasion de nous appesantir dans notre première partie; 2° un dépôt devient un *mutuum;* c'est la loi 4 du même titre. Dans les deux cas, Ulpien décide que si la chose périt avant d'avoir été vendue, conformément au mandat, ou avant d'avoir servi au dépositaire, suivant l'autorisation concédée par le déposant, le mandataire et le dépositaire n'en restent pas moins débiteurs.

(1) Loi 11, D., De reb. cred. (Ulp.).

Or, dit M. Troplong, ces deux solutions, pour le mandat et pour le dépôt, sont si intimement liées, que si l'on décidait autrement pour le second cas, il faudrait aussi décider autrement pour le premier; en effet, Doneau, et après lui Domat (1), ont exposé le motif qui a déterminé Ulpien, et il est identique dans les deux hypothèses. Dans le *mutuum*, où il est de règle que la perte de la chose prêtée est toujours pour l'emprunteur, il faut se préoccuper de cette règle spéciale et décisive en cette matière, plutôt que des principes qui gouvernent certaines conventions accessoires ou intermédiaires, par lesquelles le contrat de prêt peut passer avant de devenir définitif; c'est le but que les parties se sont proposé, c'est le point initial de leur accord qu'il faut surtout envisager : *initium inspiciendum est* (2). Or on a voulu faire un prêt, c'est donc dans les règles du prêt qu'on doit se renfermer, et la raison et l'équité obligent à dire que la chose livrée en vue d'un *mutuum* à intervenir par le moyen d'un mandat ou d'un dépôt, est assimilée à la chose réellement prêtée.

Ceci posé, continue M. Troplong, nous devons chercher si notre Code contient une règle, au moins pour l'un des deux cas qu'ont prévus les jurisconsultes romains. Nous ne trouvons rien au titre du prêt; mais au dépôt, nous trouvons l'article 1929 : *jamais, en aucun cas*, le dépositaire n'est tenu des accidents de force majeure, tant qu'il n'est pas en demeure; voilà qui est la reproduction de la doctrine de Pothier, et qui est la contradiction formelle de celle d'Ulpien (à moins qu'on ne dise, avec le jurisconsulte d'Orléans, qu'Ulpien avait en vue la responsabilité d'une faute et non pas celle de la force majeure).

Donc, si le code Napoléon s'est décidé contre la responsabilité du dépositaire, on doit en conclure que le mandataire n'est pas non plus responsable.

248. Nous avouons être peu satisfait de cette solidarité entre deux questions qui sont loin d'être identiques. Que nous importent, en droit français, tous les raisonnements de Doneau? Ils pouvaient avoir leur prix à une autre époque, mais aujourd'hui nous nous

(1) L. 1, t. VI, sect. 1, nᵒˢ 11 et 12.
(2) L. Si procur., D., Mandat.

décidons d'après l'intention évidente des parties, sans avoir besoin de l'expliquer à force de subtilités. Soit! Le dépositaire n'est pas responsable; l'article 1924 le dit, et aussi le bon sens. Pothier, avec son esprit pénétrant, avait devancé à cet égard les progrès du droit.

En effet, rappelons-nous comment le contrat a été formé : vous voulez acheter un immeuble, et vous venez me prier de vous prêter 10,000 francs pour cet emploi; mais vous ne voudriez pas vous constituer mon débiteur avant d'être sûr que vous resterez adjudicataire de cet immeuble. Moi, qui veux vous rendre service, et qui cependant dois partir pour un voyage, je vous donne les 10,000 fr. en dépôt, et il est convenu que si vous réalisez votre achat vous détiendrez cette somme à titre de prêt.

N'est-il pas évident qu'avant la réalisation de la condition, vous êtes un simple dépositaire? N'est-il pas d'ailleurs contraire à tous les principes qu'un dépositaire soit responsable de la force majeure?

Maintenant, prenons l'autre hypothèse : je veux vous prêter, mais je n'ai pas d'argent; je vous donne un plat d'or, en vous chargeant de le vendre et d'en conserver le prix à titre de prêt. On persiste à voir dans cette stipulation un mandat; pour nous, sans revenir au droit romain, qui a trouvé sa place ailleurs, nous y voyons tout simplement un prêt ordinaire. La propriété du plat d'or a été transférée, comme s'il s'agissait de toute autre chose fongible; seulement, on a autorisé l'emprunteur à rendre de l'argent, sans qu'il soit nécessaire pour lui de démontrer l'impossibilité dont parle l'article 1903; dès lors, pourquoi l'emprunteur ne serait-il pas responsable? Il était propriétaire et débiteur d'une quantité; il ne doit donc pas être libéré par la force majeure.

On voit quel abîme sépare ces deux questions où l'on veut trouver des liens si étroits que les solutions doivent être commandées l'une par l'autre.

240. Nous avons montré les vices qui s'opposent à la perfection du contrat de prêt de consommation, et plus d'une fois nous avons eu l'occasion de parler des conséquences qu'amènerait en pareil cas la perte de la chose par suite de force majeure. Il nous reste

donc à résumer et à grouper ce que nous avons dit ailleurs sous forme incidente.

250. Les incapables ne peuvent prêter, parce qu'ils ne peuvent pas transférer la propriété.

Mais l'emprunteur, lorsque la chose a péri par cas fortuit, ne pourrait pas argumenter de l'incapacité du prêteur, et prétendre que la perte est pour celui-ci, puisqu'il est resté propriétaire ; car les contrats passés par les mineurs ne sont atteints que d'une nullité relative (1).

251. En principe, on ne transfère pas la propriété d'une chose dont on n'est pas soi-même propriétaire. Mais il faut concilier avec ce principe l'article 2279 du Code Napoléon.

Si la chose n'était ni perdue ni volée, et si l'emprunteur était de bonne foi, la propriété est immédiatement transférée ; l'emprunteur ne peut plus argumenter de la faute de son prêteur pour se dispenser de rendre, la chose eût-elle péri ; nous avons combattu la doctrine contraire de M. Mourlon à cet égard (2).

Que faudrait-il donc pour empêcher la translation de propriété ? 1° La mauvaise foi de l'emprunteur ! Mais alors, s'il combat la revendication, il argumente de sa faute, et nul n'est admis à présenter une pareille défense.

2° Le vice de la chose qui a été perdue ou volée ; dans les trois ans de la perte ou du vol, si la chose périt par force majeure, l'emprunteur nous paraît libéré, car il était simple débiteur d'un corps certain.

252. En résumé, la force majeure ne sera à la charge du prêteur que dans de rares exceptions ; il faudra qu'un contrat de dépôt ait précédé le prêt lui-même, ou que la chose ayant été volée ou perdue soit détruite dans les trois ans à partir de la perte ou du vol.

(1) Art. 1125.
(2) N°ˢ 78 et 79.

POSITIONS SUR LE SUJET DE LA THÈSE.

DROIT ROMAIN.

I. La chose déposée d'abord, pour être prêtée plus tard au dépositaire, n'est pas aux risques de celui-ci tant que le contrat de dépôt n'est pas converti en un *mutuum*. — Non obstat lex 4, *De rebus creditis*.

II. Lorsqu'une stipulation nulle est adjointe à un *mutuum*, il n'y a qu'un seul contrat, lequel est verbal et nul. La condiction accordée par la loi 9, §§ 4, 5, 6 et 7, ne peut donc naître du *mutuum*.

III. Il est impossible de concilier la loi 11, *De reb. cred.*, avec la loi 34, *Mandati*. La même loi 34 ne peut pas être conciliée avec la loi 18, *De reb. cred.*

IV. La consommation de bonne foi valide le *mutuum* fait *a non domino*. Elle ne validerait pas le prêt fait par un pupille. — Non obstat lex 13, § 1, *De reb. cred.*

V. La non-consommation et la consommation de mauvaise foi sont équivalentes en droit. Dans les deux cas, le légitime propriétaire a le choix entre les deux actions en revendication et *ad exhibendum*.

VI. La consommation de mauvaise foi ne valide pas le *mutuum*. — Non obstant leg. 13, pr., et 19, § 1, *De reb. cred.*

VII. On peut concilier la loi 18, *De reb. cred.*, avec la loi 36, *De adquirendo rerum dominio*.

VIII. Lorsque la chose prêtée ne peut pas être rendue en nature, l'emprunteur doit rendre l'estimation d'après la valeur au jour fixé pour la restitution.

Si le jour n'est pas fixé dans le contrat, l'estimation doit être faite au jour de la *litiscontestatio*. — Non obstat lex 3, *De condictione triticaria*.

DROIT FRANÇAIS.

I. Le prêt est un contrat consensuel, tantôt synallagmatique et tantôt unilatéral.

II. Le terme accordé à l'emprunteur ne rend pas le contrat synallagmatique.

III. L'obligation de révéler les vices de la chose ne rend pas le contrat synallagmatique.

IV. Le prêt fait par un mineur est nul quand même la chose a été consommée de bonne foi par l'emprunteur.

V. Il n'est point loisible à l'emprunteur de rendre une qualité supérieure.

VI. S'il a été convenu que l'emprunteur rendrait *quand il le pourrait*, le juge doit fixer un délai sans qu'il soit nécessaire au prêteur de fournir la preuve que l'emprunteur peut s'acquitter.

VII. La convention de rendre en un lieu qui n'est le domicile ni du prêteur ni de l'emprunteur peut être usuraire.

VIII. Dans tous les cas de prêt de consommation, les dommages-intérêts résultant du retard à restituer ne sont jamais que l'intérêt au taux légal.

IX. Il n'est pas loisible à l'emprunteur de restituer en nature une chose fongible, non payée à l'échéance, et dépréciée depuis cette époque.

POSITIONS GÉNÉRALES.

DROIT ROMAIN.

I. La faculté de se dédire de la vente en payant les arrhes , ou en les rendant au double , cesse lorsque l'écrit est parachevé , et n'a pas lieu dans la vente qui est immédiatement parfaite sans écrit.

II. L'action *de dolo* ne se donne contre les héritiers de l'auteur du dol qu'autant qu'ils en ont profité. Il en est autrement de l'action du contrat dans lequel leur auteur a agi par dol.

III. Le bénéfice du *postliminium* ne compète pas au captif qui a été vendu à Rome par le vainqueur.

DROIT CIVIL.

I. L'article 1694 C. Nap. ne s'applique pas à la garantie de l'existence de la créance. Le cédant, en cas d'inexistence, peut être obligé au delà du prix de cession.

II. La révocation des donations pour survenance d'enfant est établie dans l'intérêt de l'enfant et non dans celui du donateur.

III. La donation entre époux est révoquée de plein droit par la survenance d'un enfant issu d'un second mariage.

IV. La femme d'un individu condamné à une peine emportant mort civile, et qui a commencé à la subir avant la loi du 3 juin 1854, peut contracter un nouveau mariage.

DROIT PÉNAL.

I. L'action du ministère public n'est pas éteinte par la mort du mari, survenue depuis une plainte en adultère.

II. Les circonstances aggravantes, existant à l'égard du complice, ne produisent pas leur effet à l'égard de l'auteur principal.

III. Dans le cas d'un crime commis en pays étranger par un Français contre un Français, la plainte pourra être formée par les parents, même non successibles, de la victime. Dans aucun cas, le désistement n'arrêtera la poursuite du ministère public.

DROIT DES GENS.

I. La forme seule distingue le *fœdus* et la *sponsio*. Il est faux de dire que le *fœdus* est un traité fait par un plénipotentiaire, et la *sponsio* un traité signé sans les pouvoirs nécessaires.

II. Deux étrangers qui ont obtenu dans leur patrie des dispenses pour contracter mariage, sont obligés d'en obtenir de nouvelles du gouvernement français.

HISTOIRE DU DROIT.

I. Outre les éléments germains, romains et féodaux, on retrouve des éléments celtiques dans notre ancien droit français.

II. L'origine de la noblesse est féodale.

DROIT ADMINISTRATIF.

I. Le prêt de choses fongibles autres que de l'argent, est soumis au droit proportionnel de 1 pour 100.

II. L'ouverture de crédit est soumise au droit fixe de 2 francs.

Vu par le Doyen, Président de la Thèse,

G. A. PELLAT.

Vu par le Recteur de l'Académie de la Seine,

CAYX.

Paris. — Imprimé par E. THUNOT et Cⁱᵉ, rue Racine, 26.

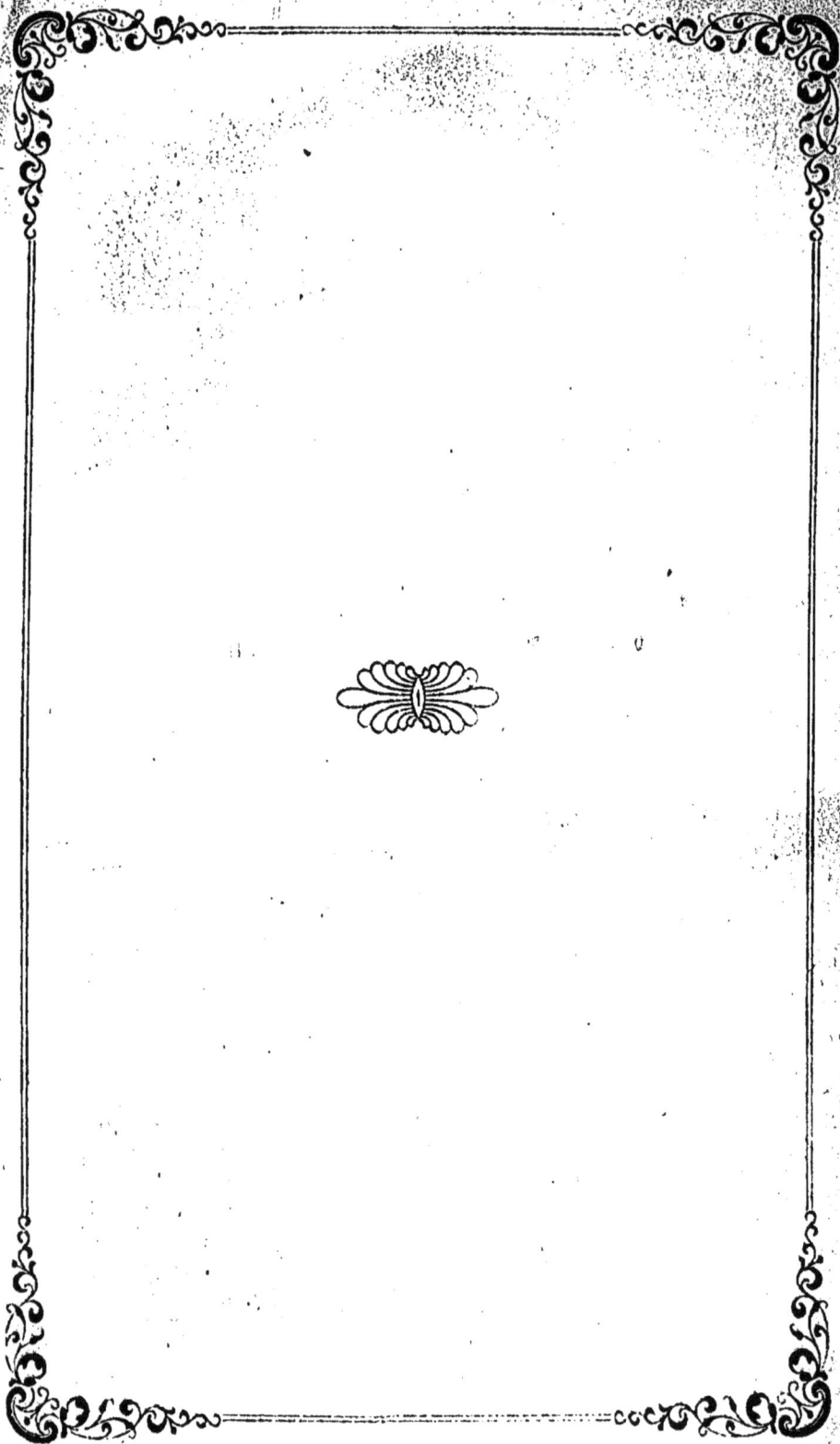

www.ingramcontent.com/pod-product-compliance
Lightning Source LLC
Chambersburg PA
CBHW072354200326
41519CB00015B/3762